ERICK LEITE

PROSPERIDADE INESGOTÁVEL

DESBLOQUEIE O SEU CÓDIGO INTERNO PARA CRIAR RIQUEZA COM PROPÓSITO

Diretora
Rosely Boschini

Gerente Editorial
Rosângela Araujo Pinheiro Barbosa

Editora
Natália Domene Alcaide

Assistente Editorial
Camila Gabarrão

Produção Gráfica
Leandro Kulaif

Preparação
Mariana Rimoli

Capa
Miriam Lerner

Projeto Gráfico
Marcia Nickel

Adaptação e Diagramação
Gisele Baptista de Oliveira

Revisão
Bianca Maria Moreira
Andresa Vidal Vilchenski

Impressão
Edições Loyola

CARO(A) LEITOR(A),
Queremos saber sua opinião
sobre nossos livros.
Após a leitura, siga-nos no
linkedin.com/company/editora-gente,
no TikTok **@editoragente**
e no Instagram **@editoragente**,
e visite-nos no site
www.editoragente.com.br.
Cadastre-se e contribua com
sugestões, críticas ou elogios.

Copyright © 2025 by Erick Leite
Todos os direitos desta edição
são reservados à Editora Gente.
R. Dep. Lacerda Franco, 300 – Pinheiros
São Paulo, SP– CEP 05418-000
Telefone: (11) 3670-2500
Site: www.editoragente.com.br
E-mail: gente@editoragente.com.br

Dados Internacionais de Catalogação na Publicação (CIP)
Angélica Ilacqua CRB-8/7057

Leite, Erick
    Prosperidade inesgotável : desbloqueie o seu código interno para criar
riqueza com propósito / Erick Leite. - São Paulo : Editora Gente, 2025.
    160 p.

ISBN 978-65-5544-609-8

1. Desenvolvimento pessoal 2. Sucesso I. Título

25-1275   CDD 158.1

Índice para catálogo sistemático:
1. Desenvolvimento pessoal

Nota da publisher

O que faz tantas pessoas, em diferentes contextos e fases da vida, sentirem que estão distantes de seu potencial, sufocadas por frustrações em uma rotina sem sentido? *Prosperidade inesgotável* nasce exatamente para responder a esta pergunta.

Esta obra é um convite à reconexão com o que temos de mais essencial: nós mesmos. Ela nos lembra que a verdadeira abundância não vem de fora, mas da frequência com que conseguimos vibrar internamente. E essa mudança é urgente.

Vivemos uma epidemia silenciosa. Cada vez mais pessoas estão adoecendo emocional e fisicamente por não conseguirem acessar a própria essência. Muitos seguem no automático, esperando que a felicidade venha de fatores externos – e é exatamente por isso que este livro é tão necessário.

Quando conheci Erick Leite e a sua visão sobre prosperidade, tive a certeza de que seu conhecimento precisava ser compartilhado. A forma como ele conecta saberes ancestrais com experiências pessoais e contemporâneas faz dele uma referência única no desenvolvimento humano, espiritual e emocional.

Mais do que entender como alcançar prosperidade, esta leitura fará você perceber que, ao olhar para dentro, podemos remover as camadas que nos afastam da nossa luz e, então, acessar a Frequência da Alma – um estado de conexão em que somos capazes de criar a vida que sonhamos, com propósito, leveza e amor.

Você sairá deste livro apto a descobrir que a sua história tem valor e pode ser redesenhada com base no que há de mais autêntico em você. Eu, pessoalmente, me sinto honrada por apostar nesta obra e na mensagem dela. Porque sei que não apenas transforma vidas – ela desperta a alma.

ROSELY BOSCHINI
CEO e Publisher da Editora Gente

Agradecimentos

De tudo que vivi, certamente as pessoas são o elemento mais importante da minha trajetória. Talvez eu não consiga, aqui, agradecer a todos que contribuíram para que a minha jornada se tornasse uma grande aventura. Se, porventura, você não se sentir contemplado nos agradecimentos, saiba que valorizo profundamente todos os ensinamentos que tive contigo. Contudo, é impossível não citar algumas pessoas que, constantemente, fazem parte desse caminho.

Antes de mais nada, quero agradecer a Deus/Deusa, à força que sustenta todos neste universo. Manifesto o meu imenso amor e gratidão à Dyne, a minha esposa, que definitivamente me inspira a ser uma pessoa melhor a cada dia. Com um enorme sorriso, agradeço ao Kaka, o meu filinhodrasto, o bebê-criança que colore os meus dias. Agradeço também à minha mãe, pela potência de ser aquela que ora, cuida e quer sempre o bem. Ao meu pai-drasto, que me ensinou tanto na dor quanto no amor, e que fez da minha jornada um desafio, ajudando-me a desenvolver resiliência e a compreender o perdão. À minha avó Raimunda, que tantas vezes assumiu o papel de mãe. Ao meu avô Tonico, grande incentivador para que eu me tornasse um leitor voraz. Aos meus irmãos e irmãs, sobrinhos e sobrinhas, primos, tias e tios. Desses últimos, um agradecimento especial à Ana Cláudia, também uma grande mentora na minha vida. E, por fim, entre os familiares, agradeço à minha bisavó Rita. Muito do que sou e do que sou capaz de realizar hoje, veio dos ensinamentos dela.

Não posso deixar de agradecer aos meus mestres e mestras da Índia e da vida, em especial ao Dr. Rajeev Raj e toda a sua família; à Claudia, a minha mestra argentina, que mais me dá puxões de orelha; à Dra. Radha Priya, ao David James; aos mestres Dada Ranendrananda e Dada Snigdhananda; e à Guru mãe. À Thaïs Cristófaro, a minha primeira mentora, quem me ensinou a trabalhar de verdade. Ao Renato Alves, que me guiou cuidadosamente nesses caminhos como escritor e se tornou grande amigo nesta jornada da vida e à sua família incrível, Ariane e Miguel, que muitas vezes me acolheram e foram suporte. A minha eterna gratidão à querida Rosely Boschini, que me mostrou o quão grande eu poderia ser e a jornada fascinante que poderia trilhar.

Agradeço também ao meu velho amigo João, que tanto me ensinou sobre os caminhos que percorro hoje.

Aos amigos, gratidão, vocês foram todos foram importantes. No entanto, alguns, nos últimos tempos, compartilharam comigo o processo de viver o que gerou este livro: Marília da Cruz, Paula Mazzarello, Andreia Martins, Aline Dorneles, Cassia Beatriz, Letícia Mansho, Letícia Alves, Ana Marucco, Luz Aicardi, Suzane Torres, Lorena Rocha, Livia Callejas, Ju Nakamura, Lu Boschini, Carmen Barreto, Marcio e Marina, Charles Miranda, Richard Neves e, caso tenha esquecido de mencionar alguém, peço desculpas: vocês estão no caderninho do meu coração.

Agradeço a todos os meus alunos, clientes, mentorados e pacientes ao redor do mundo. É para vocês que criei tudo isso até hoje.

Agradeço às adversidades da vida, que me fizeram mais sábio.

E, por fim, agradeço a outro grande mentor, o meu sócio Denis Bai, que melhor compreendeu o que eu tinha a oferecer ao mundo e me ajudou a transformar tudo isso em um projeto de vida.

Gratidão a todos!

Namaskaram!

Sumário

Prefácio..8

Introdução: Do cérebro ao coração..........................12

Capítulo 1 Olhando para si mesmo:
desperte a sua missão de vida..............18

Capítulo 2 Criando a sua própria realidade:
assuma o protagonismo e transforme
o seu propósito em riqueza e impacto......32

Capítulo 3 Em busca das raízes...................48

Capítulo 4 Prosperidade e abundância.............60

Capítulo 5 Passo 1 - Descascando as camadas........74

Capítulo 6 Passo 2 - Encontre a sua missão de vida..88

Capítulo 7 Passo 3 - Desvendando os seus objetivos..96

Capítulo 8 Passo 4 - Desenhando o seu mapa da vida..112

Capítulo 9 Passo 5 - Medalhas e pequenas conquistas..124

Capítulo 10 Passo 6 - Gratidão sempre.............132

Capítulo 11 Caminhos e renúncias.................142

Capítulo 12 Partícula de Deus....................154

Prefácio

Imagine que você pudesse voltar no tempo, três mil anos atrás, e caminhar pelas margens do Nilo, entre as construções monumentais do Antigo Egito. Logo perceberia que aquela civilização fascinante não se resumia às pirâmides e aos faraós. Existia ali uma escola secreta, voltada ao desenvolvimento humano em todas as suas dimensões: física, mental, emocional e espiritual. Seus ensinamentos eram transmitidos de forma simbólica, oral e ritualística – e acessíveis apenas aos iniciados considerados prontos.

Outro traço marcante daquela cultura era a busca incansável pela elevação moral e espiritual como caminho para ascender à próxima vida. Acreditava-se que o ser humano precisava viver experiências intensas, refletir sobre elas, aprender, encontrar o equilíbrio – o que chamavam de "o caminho do coração" – e, assim, alcançar a verdadeira expansão.

Começo com essa breve viagem ao Egito porque, na primeira vez em que pisei naquele solo sagrado, vivi experiências sobrenaturais tão impactantes que, se as contasse em detalhes, muitos duvidariam. A verdade é simples: o invisível só pode ser compreendido por quem o vivencia constantemente. E o Erick é uma dessas raras pessoas.

Conheci o Erick em um encontro de empresários, realizado em um resort, na cidade de Atibaia, interior de São Paulo. Eu já frequentava aquelas reuniões, mas, para ele, era a primeira vez. Ele era um dos calouros do grupo.

Desde o primeiro instante, o seu abraço firme, o sorriso acolhedor, o olhar penetrante e o seu jeito respeitoso de se comunicar despertaram a atenção de todos. Antes mesmo do fim do dia, já se ouviam sussurros curiosos pelos corredores sobre "aquele cara diferente", que tocava o pulso de alguém e revelava detalhes profundos, ou que parecia sentir a energia do ambiente com precisão cirúrgica.

Enquanto uns se mostravam fascinados – e outros, visivelmente intrigados –, eu logo percebi que o Erick não pertencia àquele ambiente corporativo.

Algum tempo depois, fui convidado a participar de uma imersão promovida por ele: Frequência da Alma. Era novembro, e o evento aconteceu em um belo casarão em Itapema, Santa Catarina. Fui acompanhado da minha esposa, sem saber exatamente onde estava me metendo.

Nos juntamos a um grupo de cerca de dezesseis pessoas, todos prontos para ouvir Erick compartilhar ensinamentos dos Vedas – sabedoria que ele havia aprendido diretamente com mestres da Índia. Tudo corria com serenidade até que, sem qualquer aviso, uma energia densa tomou conta do ambiente. Algumas pessoas caíram no chão; outras entraram em estados alterados de consciência.

Confesso: eu me assustei. O campo de manipulação energética que se manifestava ali era poderoso demais para ser ignorado. Enquanto a minha mente racional questionava: "onde foi que eu me meti?", Erick, com a serenidade de um monge e a firmeza de um mestre, conduzia cada pessoa de volta ao próprio estado natural.

Ao final daqueles dois dias – repletos de insights e curas profundas –, compreendemos que a vida é infinitamente maior do que aquilo que os olhos podem ver. Existe um mundo invisível ao nosso redor, onde milhares de eventos acontecem ao mesmo tempo, e poucos estão preparados para acessá-lo com clareza e segurança.

Na minha percepção, Erick é muito mais do que um terapeuta, como humildemente se apresenta. Nas nossas longas madrugadas de conversas sobre cura, alimentação, espiritualidade e saúde integral, ouvi histórias impressionantes de alguém que veio ao mundo para amar e servir. Com leveza, sabedoria, bom humor e um coração generoso, Erick nos conduz a um novo entendimento da existência. Ao longo destas páginas, você perceberá: estamos diante de um verdadeiro mestre.

O livro *Prosperidade inesgotável* traduz com clareza e profundidade o fardo de viver com traumas que carregamos desde a infância – ou mesmo de outras vidas. A mente, em um mecanismo de proteção, oculta essas dores. Mas os resquícios permanecem ativos, sabotando decisões, sonhos e relacionamentos. Esses traumas se tornam armadilhas invisíveis que apenas um guia experiente é capaz de acessar, decifrar e curar.

Se você sente que a sua vida poderia ser diferente... Se algo invisível parece travar o seu caminho...

Se você sente um chamado profundo para viver a sua melhor versão, mas não sabe por onde começar...

Se acredita que nasceu para fazer mais por si e pelos outros, mas precisa de alguém que lhe mostre um caminho de expansão...

Então, este livro é para você.

Também é para quem deseja viver com mais vitalidade, se alimentar melhor (ainda que não seja um livro de receitas), e aprender a manipular a energia do universo a partir do coração, transformando a sua realidade e a daqueles que o cercam.

Falo com a autoridade de quem viveu essa transformação: *este livro é para você.*

Na antiga Escola dos Mistérios do Olho de Hórus, os iniciados eram guiados a viver experiências intensas, refletir, aprender e escolher o caminho do coração. Eles passavam noites contemplando o céu para entender o universo... e, por meio disso, mergulhavam no seu mundo interior.

Neste livro, a jornada é oposta: você mergulha no seu interior e, ao fazer isso, passa a compreender o universo.

Prepare-se para uma jornada de autoconhecimento, expansão e reconexão com o melhor de si. Prepare-se para sintonizar com a Frequência da Alma.

RENATO ALVES
Melhor Memória do Brasil e autor best-seller

Introdução
Do cérebro ao coração

Nesses vinte anos de estrada, tenho me deparado com pessoas frustradas e insatisfeitas, que buscam abundância e prosperidade, assim como o trabalho dos sonhos e uma vida incrível. Mas não é isso o que elas têm encontrado. Na verdade, a maior parte das pessoas que chegam às minhas imersões nem sabe o que quer viver. Estão tão alteradas e movidas pelos discursos das instituições que nem sequer entendem o lugar que ocupam no mundo. Vivem angustiadas e insatisfeitas com a própria trajetória, procrastinam tarefas, autossabotam-se e perguntam constantemente por que não conseguem usufruir de algo mais substancial, ter propósito e alegria.

Tal percepção é global. Um relatório anual feito pela empresa de análise e pesquisa de opinião Gallup, cujo indicador de infelicidade monitora sensações de raiva, tristeza, preocupação, dor física e estresse em 142 países, bateu um recorde histórico nesse quesito.[1]

---

1 GALLUP'S 2024 Global Emotions Report. **Gallup**, 2024. Disponível em: https://www.gallup.com/analytics/349280/gallup-global-emotions-report.aspx. Acesso em: 16 abr. 2025.

O que mostra que precisamos cuidar melhor de aspectos mais sutis da nossa existência. Não por acaso, a pergunta que sempre faço ao lidar com as pessoas é: "Onde está a dor?". O intuito é ajudá-las a encontrar o porquê do sofrimento para trabalhar no seu equilíbrio. Desta forma, as respostas vão aparecendo.

Minha trajetória foi inspirada pela minha bisavó, que era curandeira e parteira, com quem convivi por quinze anos. Cresci observando-a e aprendendo com ela, uma verdadeira bruxa do bem. Mais tarde, descobri que ela era maxakali, um povo indígena de Minas Gerais. Eu tinha muito interesse por tudo que ela fazia, e atuava como um curioso aprendiz. Minha bisa tinha uma energia invejável e era um ser intrigante. Na roça, ela costumava sair às três da madrugada dizendo que ia conversar com um homem grande que vinha do céu. Faziam chacota dela. Ninguém a acompanhava, pois todos tinham medo. Até que, um dia, eu a segui. Eu era bem novo, devia ter uns 9 ou 10 anos. Na trilha por onde ela passava, no meio do mato, pareciam se acender inúmeras lanternas que a acompanhavam, e vi algo que parecia um óvni saindo do meio da mata. O que presenciei, no meu entendimento de criança, tornou-se um universo. Lembro-me de pensar: *Quero ser igual a ela!*

A jornada até esse universo, entretanto, não foi linear. Apesar de parte da minha família ser circense, formada por pessoas que viajavam para tudo quanto é lado do mundo, comecei a aprender computação, porque era o que dava dinheiro. Só que não aguentei. Dizia para mim mesmo: "Quero entender a cabeça humana. O que eu faço?". Fiquei entre Psicologia e Linguística, porque também queria saber como as pessoas se comunicavam. Ingressei em Letras para pesquisar sobre línguas indígenas. Fui parar na

Introdução **13**

Bolívia e no Peru. Na Amazônia, em vez de estudar a linguagem, me interessei mais pelos trabalhos com ervas e cura, e aquilo foi me formatando.

Quando tomei coragem para realmente ingressar nesse universo, já havia estudado Psicanálise e explorado outras áreas do conhecimento humano. Decidi, então, ir para a Índia e, lá, aprendi muito sobre a medicina ayurveda. Foi quando eu me encontrei. Estudei tanto que até retornei à Índia para dar aula para médicos e ensinar, na prática, o que eles sabiam na teoria – como a leitura do pulso para diagnosticar patologias. Atuava como um enfermeiro técnico em ayurveda, autorizado pelo governo indiano a trabalhar no hospital. Já no Brasil, criei uma escola de formação de terapeutas ayurvédicos, o que me fez ficar mais conhecido nessa área.

Contudo, minha busca continuava, porque eu ainda não conseguia explicar algumas coisas que eu fazia desde pequeno. "De onde vem isso? Qual a explicação?", eu me perguntava. Quando eu era criança, observava as pessoas que iam buscar ajuda lá em casa. "Ó, vó, tem um bicho na barriga dessa pessoa!", eu dizia. O doente voltava três semanas depois e contava que estava com câncer no estômago. Isso acontecia com frequência, tanto que minha avó me proibiu de ver as visitas. Ela me levou, então, a um padre que também era exorcista (eu tinha por volta de 7 anos), e ele disse a ela: "Não há o que fazer. Isso é uma coisa que vem com ele!".

Na leitura de pulso, além de descobrir as patologias, eu sentia as memórias das pessoas, sabia sobre os parentes e entendia as situações pelas quais elas passavam. Acessava informações que me assustavam. Certa vez, atendi uma mulher e soube que ela havia sido fecundada cinco horas antes – a gravidez foi confirmada posteriormente. Nas minhas palestras, costumava fazer algumas demonstrações dessas habilidades, o que me ajudou a entender que estava me conectando com algo superior e que precisaria levar aquilo adiante.

Investigando a fundo o ayurveda, resolvi procurar, na Índia, as pessoas que tinham esse aprofundamento mais espiritual da Medicina. Para viabilizar meu plano, rodei do sul ao norte daquele país, atuando como cinegrafista de um documentário sobre curandeiros formados em Medicina que trabalham com o lado espiritual. Isso me fez perceber que eu não era tão estranho e me trouxe a certeza de que a Medicina tem futuro. Parto do princípio de que todos nós temos uma parte mais sutil, que alguns chamam de alma.

Quando comecei a estudar maneiras de acessar as dores e os traumas mais profundos das pessoas, entendi que eles são a raiz da maioria dos problemas, sejam traumas cármicos, que passam de geração a geração, sejam traumas desta vida, que a mente consciente esqueceu por completo. Os traumas geram as doenças! Ao acessar o subconsciente e rever essas memórias, as pessoas ganham consciência e acolhem aquela versão do passado. Assim, as dores podem ser tratadas e as doenças curadas.

Relatos de reversão de doenças físicas foram avolumando-se, e vi que o que eu estava fazendo realmente funcionava, e por isso tinha de ser multiplicado. Eu precisava entender como poderia instruir as pessoas a respeito dessa terapêutica que, no início, nem eu mesmo entendia. Aos poucos, estruturei esse conhecimento em uma metodologia que pudesse ser replicável. Então passei a ensinar tudo que havia aprendido, e meus alunos começaram a alcançar os mesmos resultados que eu. O método estava consolidado! Agora estou pronto para compartilhá-lo com você!

Gostaria de mostrar a você quais são esses caminhos: como localizar onde mora a dor e onde está o problema, para que possamos quebrar esses traumas e, consequentemente, romper com as crenças que o estão puxando para baixo. Pois, quando elas se rompem, você se equilibra, expande e prospera, atingindo a Frequência da Alma.

Por que a chamo de Frequência da Alma? Porque ela se conecta com a filosofia védica, a filosofia indiana e a medicina ayurveda. Para a medicina ayurveda, a alma é o fragmento divino que está dentro de você, ou seja, é a presença de Deus no seu interior, é a sua alma, é a centelha divina. Ela testemunha tudo, pois é o que existe de mais potente em cada um de nós, o Universo está ali. Alcançando a Frequência da Alma, essa parte divina que todos temos, curamos as dores e criamos a prosperidade.

Você já ouviu falar da Amma, a senhora do abraço? Ela passa horas abraçando pessoas, e são inúmeros os relatos de cura.[2] Há algum tempo, ela lambia os leprosos, e eles se curavam. O caso impressionante chamou a atenção da mídia, e um repórter da BBC perguntou a ela: "Por que se você lamber as pessoas, elas se curam e, se eu lamber, elas não se curam?". Amma respondeu: "Primeiro, porque você não vai ter coragem de lamber um leproso. E, segundo, porque tenho certeza de que eu sou Deus". A fala gerou muita polêmica.

O que eu quero dizer com isso? A intenção é o segredo! Amma reconhecia a centelha divina dentro de si e realmente acreditava no seu poder de cura. Essa é a verdadeira Frequência da Alma. Mas por que só algumas pessoas conseguem acessá-la? Porque nossa mente cria camadas de medo e trauma que nos separam do Todo.

---

2 ABOUT Amma. **Amma**, 2023. Disponível em: https://amma.org/about-amma/. Acesso em: 27 set. 2024.

O trabalho que venho fazendo é justamente romper traumas e crenças e, conforme eles se diluem, transformar o estado físico e emocional das pessoas. Nesse estágio, chega-se a um ponto em que paramos e nos perguntamos quem somos, o que estamos fazendo aqui e para onde vamos. Eu quero levar você a virar a chave, chegar àquele momento em que poderá dizer: "Eu sou algo muito potente. Percebi que estava me regulando pelos traumas que tinha e quebrei isso". Alcançar o eu que tudo pode e tudo constrói.

A formação Frequência da Alma começou em novembro de 2023 e já ultrapassou trinta mil alunos no mundo (em mais de cinquenta países), ensinando-os a atuar na raiz do problema, o que reflete em todas as áreas da vida. Percebo esse processo como uma jornada interna do herói, como se cada um pudesse assumir a sua posição de protagonista, munindo-se dos equipamentos necessários e saindo em busca do seu objetivo para percorrer as próprias batalhas e alcançar a vitória! Portanto, me coloco na missão de prover todos os elementos necessários para que você consiga conquistar equilíbrio, prosperidade, abundância e felicidade.

Liberte-se das camadas mais profundas de medo e trauma e conecte-se com a Frequência da Alma para manifestar a vida dos seus sonhos. Convido você para a maior e mais importante jornada que podemos fazer, uma trilha que vai do cérebro até o coração. Somos imagem e semelhança de Deus. É natural que expressemos essa potência em nossas manifestações, a cada instante da vida, em todos os meios pelos quais circulamos, seja no âmbito pessoal ou profissional. Vamos juntos?

1.
Olhando para si mesmo: desperte a sua missão de vida

Já sentiu que está só de passagem pela vida, perdido em meio a tantas obrigações e expectativas que os outros têm sobre você? Já se perguntou se não existe algo mais, um propósito maior do que simplesmente pagar as contas e seguir a rotina? Se a resposta é sim, pode ter certeza de que você não está sozinho nessa.

É triste, mas o Brasil está entre os países da América Latina com o maior número de pessoas insatisfeitas com a vida.[3] Tem muita gente por aí se sentindo esgotada, cheia de dívidas, sem conseguir sair do lugar. E o pior é que existem milhões de brasileiros que nem trabalham com o que gostam, nem estudam o que de fato lhes interessa,[4] simplesmente porque não encontram um motivo para acordar todos os dias com alegria e entusiasmo.

A verdade é que a maioria das pessoas não está nem um pouco motivada com o trabalho. Muitas se mantêm presas a relacionamentos que não lhes faz bem, sem ter coragem de mudar a

---

3 SAFATLE, A. Brasil lidera índice de insatisfação com a vida na América Latina. **Valor Econômico**, 7 fev. 2020. Disponível em: https://valor.globo.com/eu-e/noticia/2020/02/07/brasil-lidera-indice-de-insatisfacao-com-a-vida-na-america-latina.ghtml. Acesso em: 16 dez. 2024.

4 LIRA, R. Não estudam, nem trabalham: Brasil tem mais jovens 'nem-nem' do que Argentina e Chile. **Infomoney**, 13 ago. 2024. Disponível em: https://www.infomoney.com.br/economia/taxa-de-jovens-que-nao-estudam-nem-trabalham-no-brasil-e-uma-das-piores-do-continente. Acesso em: 16 dez. 2024.

situação. Sentem que falta tudo e vivem uma vida muito abaixo do que realmente poderiam viver. Acabam não conquistando nada e ficam sempre adiando sonhos, porque não sabem nem por onde começar.

Eu sei bem como é isso. Durante anos, trabalhei em empregos que não me valorizavam, até que um dia me vi desempregado, sem rumo e completamente desesperado. Cheguei a viver me alimentando de miojo quase todos os dias, porque não tinha dinheiro para comprar outra coisa. Sentia que a vida estava me castigando, que eu não tinha mais jeito.

Para sobreviver, comecei a dirigir como motorista da Uber, logo que o aplicativo chegou ao Brasil. Enfrentei muitas dificuldades, trabalhando até dezoito horas por dia, quase sem dormir, só para conseguir pagar as contas. Passei por situações de perigo, com passageiros armados, e até sofri uma tentativa de sequestro.

Eu já não gostava da vida que levava antes de ser demitido, porque sentia que estava desperdiçando meu tempo e minha capacidade de fazer coisas importantes. Depois que perdi o emprego, então, acabou toda a esperança que eu tinha de que as coisas pudessem melhorar.

Minha jornada pessoal me ensinou que o verdadeiro sucesso não se resume à conquista de bens materiais ou ao reconhecimento individual. O verdadeiro sucesso reside na capacidade de transformar nossa paixão em um negócio próspero, gerando riqueza não apenas para nós mesmos, mas também para as pessoas que nos cercam. Ao trilharmos nosso caminho com propósito e paixão, criamos oportunidades para que outros também possam prosperar, construindo um legado que transcende o tempo e o espaço.

RECONHEÇA AS SUAS DORES

A dor é aquela sensação horrível de estar sozinho, sem saber como resolver os problemas da vida. Você se sente afogado em dificuldades e começa a culpar todo mundo. As pessoas parecem ruins, os lugares são péssimos, nada o agrada. A vida fica sem graça, sem cor, sem sabor. Você começa a repetir que suas escolhas sempre dão errado e que nada do que você faz funciona. E, quando algo dá certo, logo aparece um monte de problemas para estragar tudo.

Quando você não consegue fazer escolhas, não arrisca e não acredita em uma vida melhor, acaba se limitando e atraindo pessoas que o colocam para baixo. Acredito que a pior dor é acordar todos os dias sabendo que você vai ter de fazer coisas de que não gosta, só por obrigação. Como é que você vai construir uma vida abundante desse jeito? É como um bicho que não consegue subir a montanha, porque está carregando pedras pesadas e não tem mais energia para continuar.

Uma história que me contaram uma vez ilustra bem essa situação: um homem caiu em um buraco muito fundo e não tinha como sair de lá. Ele começou a se lamentar, perguntando para Deus por que aquilo estava acontecendo justo com ele, que sempre fizera tudo certo. Cansado de reclamar, ele percebeu que estava com fome, sede e muito medo. Tentou escalar o buraco, mas já tinha gastado toda a sua energia se lamentando. Não muito longe dali, um tigre também tinha caído em outro buraco. O tigre tentou de tudo e logo percebeu que, se jogasse as patas de um lado para o outro, conseguiria escalar as paredes do buraco. O tigre agiu e conseguiu sair dali rapidinho. Já o homem, não conseguiu descansar, porque ficou pensando nos problemas, e acabou morrendo, sem forças para tentar de novo.

Reconheça as suas dores, mas não fique preso a elas. Comece a agir e a buscar soluções, sempre!

INSATISFAÇÃO COM A VIDA

Talvez você esteja vivendo no piloto automático, sem nem saber por quê. Seguindo os padrões da sociedade, fazendo o que os seus pais e avós ensinaram – casar, ter um bom emprego, criar os filhos e se aposentar –, sem pensar se é isso mesmo o que você quer. E não tem nada de errado com essas coisas, desde que você tenha escolhido esse caminho de modo consciente, porque realmente acredita que o faz feliz.

A escolha da profissão também acontece assim. Muitas vezes, você pensa que precisa arrumar um emprego logo para sustentar a família e acaba aceitando qualquer coisa, sem se perguntar o que você realmente gosta de fazer, no que é bom e o que chama a sua atenção.

Esse ciclo parece que nunca vai ter fim, a não ser que você faça algo para mudar. Quando finalmente parar para se analisar, você vai perceber que passa a maior parte do tempo trabalhando sem um propósito claro, sem ter tempo para o lazer, distante da família e da sua essência, focado apenas em sobreviver. E, muitas vezes, o seu único objetivo é ter uma vida mais ou menos.

Vejo que, nos dias atuais, o trabalho é um lugar de sofrimento. Não deveria ser assim. O burnout, que é aquela doença causada pelo excesso de trabalho e pela falta de satisfação, está cada vez mais comum.[5] As pessoas se sentem sobrecarregadas, ansiosas e estressadas. E o pior é que até as crianças estão sofrendo com doenças que antes eram só de adultos, como depressão, diabetes e ansiedade.[6]

---

5 SÍNDROME de Burnout: o que é, sintomas e como tratar. **HCor** - Associação Beneficente Síria, 2024. Disponível em: https://www.hcor.com.br/hcor-explica/outras/sindrome-de-burnout. Acesso em: 16 dez. 2024.

6 DEPRESSÃO e ansiedade na infância e adolescência. **Hospital Pequeno Príncipe**, 10 set. 2024. Disponível em: https://pequenoprincipe.org.br/noticia/depressao-e-ansiedade-na-infancia-e-adolescencia. Acesso em: 6 maio 2025.

Estamos dando um sentido errado para o trabalho, tratando-o como se fosse uma obrigação, e não uma forma de aprender, crescer e se realizar. Talvez isso venha da própria origem da palavra "trabalho", que vem de um instrumento de tortura.[7] Para você ter uma ideia, a placa que ficava na entrada do campo de concentração de Auschwitz, na Polônia, dizia: "O trabalho liberta". Mas, na verdade, aquele lugar era usado para matar pessoas.[8] Essa placa está lá até hoje para nos lembrar disso, e é muito estranho que eles tenham usado a ideia de trabalho em um lugar de tortura.

É claro que eu não quero comparar o que acontece hoje com o Holocausto, mas o trabalho ainda carrega essa imagem negativa. Para fugir desse "sofrimento", as pessoas inventaram até o "sextou", uma forma de comemorar que a semana de trabalho finalmente chegou ao fim. E também o happy hour, que é aquela hora em que você escapa da "prisão" do trabalho para beber com os amigos. É como se fosse um remédio para aguentar o trabalho. Na sequência, só resta ir para casa e dormir! Como é que a gente pode exigir que as pessoas façam alguma coisa interessante depois de trabalhar oito, dez, doze ou até quatorze horas por dia, sem contar o tempo de deslocamento?

O que mais me preocupa é que as pessoas não sentem que estão construindo um legado para a vida delas. Não é questão de ser egoísta, mas todos nós precisamos deixar a nossa marca no mundo, algo que tenha um propósito, que nos faça acordar felizes e

---

7 VESCHI, B. Trabalho. **Etimologia: origem do conceito**, 2019. Disponível em: https://etimologia.com.br/trabalho. Acesso em: 16 dez. 2024.

8 AUSCHWITZ. Enciclopédia do Holocausto. **United States Holocaust: Memorial Museum**, [s.d.]. Disponível em: https://encyclopedia.ushmm.org/content/pt-br/article/auschwitz-1. Acesso em: 16 dez. 2024.

realizados com o nosso trabalho. Se você se sente um robô, que tem hora para tudo, que vive correndo de um lado para o outro e que no final do dia nem sabe por que está fazendo tudo aquilo, é hora de parar e repensar a sua vida!

Enquanto você não perceber que é capaz de fazer o que quiser e de ajudar as pessoas de uma forma única, a sua vida vai continuar dando voltas e mais voltas, sem que você se dê conta do seu verdadeiro potencial.

Acredito que a chave para uma vida plena e realizada reside na capacidade de alinhar nossos valores, paixões e talentos com um propósito maior. Quando encontramos um trabalho pelo qual nos apaixonamos e que, ao mesmo tempo, gera um impacto positivo na sociedade, criamos um círculo virtuoso de prosperidade e abundância. Ao nos tornarmos protagonistas da nossa jornada, inspiramos outras pessoas a fazerem a mesma coisa, construindo um mundo mais justo, próspero e sustentável.

Pode ser que você seja um simples funcionário cansado da rotina do seu emprego. Mas quando começa a se conhecer melhor e a fazer uma busca interior, percebe que gosta do que faz. E tudo muda: você deixa de ser um simples funcionário para se tornar alguém que facilita a vida de outras pessoas. E começa a fazer a diferença no seu trabalho, porque vê que muitos dependem de você. Isso acontece com muita frequência! Pode ser que você seja um empresário multimilionário que ainda não entendeu o poder de criar o seu legado e inspirar milhares de pessoas. De repente, quando você alinha sua capacidade de produzir riqueza com a possibilidade de impactar positivamente a vida de muitas pessoas, você se torna, inclusive, mais próspero, só que com uma grande diferença: você vira um grande exemplo para a humanidade e deixa um legado.

As pessoas começam a olhar para o que fazem com mais atenção e entendem o seu significado mais profundo, enxergando a qualidade que existe ali. Quando elas passam a enxergar o mundo com uma visão mais ampla, o trabalho ganha outra dimensão, vira algo até sagrado, porque envolve nobreza e honestidade.

O trabalho e a realização profissional são muito importantes. Mas é fundamental entender que a vida é mais do que isso, é exercer uma função que lhe permita ganhar dinheiro e, ao mesmo tempo, gerar resultados positivos para você e para outras pessoas. E talvez você me pergunte: "Erick, é possível viver do que a gente ama?". Eu tenho certeza de que sim!

Comecei a trabalhar cedo, aos 14 anos, dando aulas de inglês, porque eu tinha muita facilidade com o idioma (e continuei fazendo isso até os 34 anos). Aos 15, eu já era monitor nas aulas de História e Inglês em um cursinho. Hoje percebo que, se eu voltasse a dar aulas (o que parecia um problema naquela época), provavelmente veria tudo de outra forma, porque entenderia que o meu trabalho era ensinar, compartilhar conhecimento e ajudar as pessoas a crescerem.

É muito importante que a gente reflita sobre isso. Talvez o que precise mudar não seja o sistema, que muitas vezes só valoriza o ato de ganhar dinheiro e se esquece das pessoas. O que precisa mudar é a nossa forma de ver as coisas, assumindo a responsabilidade de fazer o que podemos para melhorar o mundo, seja em uma sala de aula, na nossa família, onde for.

Pode ser que você nem precise sair do seu emprego atual para ser mais feliz. É claro que, se você não estiver se sentindo valorizado, talvez seja melhor procurar outro lugar, que lhe ofereça mais oportunidades de crescimento. Mas pode ser que algumas mudanças no seu trabalho ou em você mesmo já façam toda a diferença. Eu conheço muitas pessoas que passaram por isso, deram um novo significado para as suas carreiras, ajustaram a sua trajetória e se tornaram muito mais realizadas.

Até mesmo uma dona de casa, que não trabalha fora, pode descobrir que está fazendo um trabalho muito importante ao cuidar da sua família, educar os seus filhos e prepará-los para o futuro.

De qualquer maneira, se você já analisou tudo com cuidado e percebeu que não faz mais sentido continuar como está, então é hora de mudar. E, para isso, você vai precisar reorganizar a sua vida e se transformar. Mas vamos falar sobre isso mais para a frente.

Buscar um significado para a vida também significa prestar mais atenção ao mundo que nos cerca. É importante perceber que vivemos em uma sociedade que criou algumas "verdades": padrões culturais que quase nunca questionamos.

Vejo que essa sociedade não se preocupa muito em saber o que nos dá prazer, seja na vida pessoal ou profissional. Parece que não paramos para pensar no que nos faz feliz, no que nos motiva a viver. Mas a verdade é que só conseguimos fazer bem aquilo que nos dá prazer. Tudo que fazemos por obrigação acaba sendo deixado de lado. Aquilo que nos dá prazer é realizado sem que sintamos o tempo passar.

Você se lembra da última vez em que se sentiu assim? Era uma atividade ao ar livre, você estava com pessoas queridas, envolvido em um momento tão bom que podia durar para sempre? Eu costumo dizer que eu poderia viver em uma imersão da Frequência da Alma. É uma atividade com a qual me sinto completo, realizado e feliz por poder transformar a vida das pessoas. O tempo voa e eu sinto que estou cumprindo a minha missão.

Se estamos tirando camadas para chegar à nossa essência, toda vez que pensamos em fazer algo importante, isso inclui o outro. Eu sempre digo que, se eu olhar para dentro de mim e você fizer o mesmo consigo, chegaremos ao mesmo lugar, que é a Fonte. Quanto mais eu me aprofundo em mim, mais entendo que tudo que eu faço é para o bem de todos, porque percebo que sou parte de algo maior, que sou divino, que sou Deus, assim como você.

A pessoa que acha que o trabalho é um sofrimento é aquela que sente que a vida não faz sentido. Ela só se vê como uma vítima, obrigada a fazer o que os outros querem, sem perceber que o que ela produz pode trazer aprendizado e evolução para ela mesma e para os outros. É importante encontrar um significado em tudo que fazemos. Mesmo que a sua função seja apertar um botão em uma linha de produção, você vai precisar de atenção, paciência, foco e organização. E, ao entender que aquele simples botão faz parte de um processo que beneficia outras pessoas, vai perceber que seu trabalho tem um sentido muito maior. No final das contas, toda função é importante e faz parte de um todo.

Quando você se coloca no lugar de explorado, você é explorado. Se você se vê como vítima, assim será! Uma vez, ouvi a seguinte frase: "Você está onde você se coloca!". Mesmo sabendo que nem sempre as coisas são fáceis, acredito que isso é verdade. É preciso ter consciência de onde estamos e para onde queremos ir para que possamos evoluir e ser felizes.

A pessoa que decide ser protagonista da sua jornada cria oportunidades para que outras pessoas tenham uma vida melhor. É como se cumprir a sua missão de vida abrisse caminhos para que outras pessoas pudessem ser maiores também.

Olhando para si mesmo **27**

Precisamos perceber que ainda vivemos de acordo com as regras que as instituições criam para nós, que nos impedem de ser livres. A sociedade quer nos dizer quem somos, o que devemos fazer e como devemos viver. Usos e costumes nos fazem usar roupas que não nos servem, que não combinam com a nossa essência. É como ser obrigado a usar calça jeans quando você prefere roupas de algodão, que são mais confortáveis! Por que não podemos usar o que queremos e ser quem sonhamos?

Da mesma forma, nos convenceram de que só podemos aproveitar a vida se estivermos bebendo e comendo. Desde quando não é possível ter uma boa conversa sem álcool e sem fast-food? Quando foi a última vez que você se sentou ao lado de alguém e simplesmente conversou, sem ficar olhando para o celular a cada minuto?

VIVENDO DESAFINADO

Para alcançar a Frequência da Alma, é preciso ter muita consciência. É fundamental olhar para si mesmo, observar o que você atrai, que tipo de pessoas e situações estão surgindo na sua vida, entender como funciona a sua mente e o seu coração.

Um grande pensador, que viveu há dois mil anos, já dizia: "As más companhias corrompem os bons costumes".[9] Então, com quem você tem andado? Quem são os seus amigos? O que eles gostam de fazer? Como eles se sentem? E como você se sente perto deles? Sobre o que vocês conversam?

Estamos vivendo longe do nosso verdadeiro eu e, muitas vezes, nem conseguimos responder a essas perguntas, porque não

---

9 BÍBLIA. Português. **Bíblia Ave Maria** On-line. Editora Ave Maria. Disponível em: https://www.bibliacatolica.com.br/biblia-ave-maria/i-corintios/15. Acesso em: 16 dez. 2024.

nos conhecemos de verdade. Mas é importante prestar atenção nisso para que você possa se conhecer melhor e perceber o que precisa mudar.

É comum que as pessoas que eu atendo me digam: "Estou com problemas! Só atraio coisa ruim!". A verdade é que a raiz do problema está escondida por trás de muitas questões que precisam ser analisadas e que fazem com que você não consiga vibrar na mesma frequência da vida. Você acaba agindo com medo e insegurança, quando poderia estar vibrando prosperidade.

Para afinar uma corda de violão, usa-se um diapasão, não é? Então, é preciso vibrar a nota certa no diapasão e na corda. Quando os dois estiverem vibrando na mesma frequência, eles estarão em harmonia. Com as pessoas, acontece a mesma coisa: a frequência que a gente emite atrai a frequência que a gente vive. É por isso que, quando você está mal, atrai coisas negativas e afasta as positivas.

Uma amiga minha teve uma crise de herpes zóster[10] e precisou ser internada. A primeira coisa que ela fez foi pedir desculpas. Eu perguntei por que ela estava se desculpando, já que não tinha feito nada de errado, e a acalmei, dizendo: "Esquece isso. Se eu estivesse no hospital, sozinho, e precisasse de ajuda, a primeira coisa que eu iria querer era que vocês estivessem por perto. Então, troque o pedido de desculpas por um agradecimento e está tudo certo! E, se precisar de alguma coisa, peça ajuda!". Ficar se sentindo culpado ou achando que não merece ajuda não vai atrair a solução.

---

10 Herpes zóster é uma doença na pele causada pelo vírus varicela-zoster, o mesmo que provoca a catapora. A pessoa com a infecção tem erupções cutâneas dolorosas ou pequenas bolhas na pele, podendo ser acompanhadas de febre, dor de cabeça ou dormência.

Pense nisto: e se eu dissesse que, depois de passar por dez situações muito difíceis, você encontraria o maior tesouro da sua vida, com certeza você se esforçaria para superar todas as dores, não é? Só que a gente não tem essa garantia. Então, o que nos resta é ter força e continuar em frente.

O poeta espanhol Antonio Machado nos ensina que o caminho se faz caminhando.[11] O importante, então, é o processo, o aprendizado, e não o ponto de chegada. Enquanto caminhamos, nos deparamos com problemas que precisam ser resolvidos e com desafios que nos testam, fazendo-nos crescer. Não ganhamos conhecimento só no final, mas, sim, ao longo de toda a jornada.

Estamos sempre evoluindo, e não podemos ficar parados, só assistindo. É como aprender yoga só olhando os outros fazerem – não tem como, precisamos agir.

É muito bom ver como as pessoas mudam quando chegam ao Programa Frequência da Alma. No começo, elas estão cheias de dores e traumas, mas depois começam a focar em viver de uma maneira diferente, que é o que vamos fazer aqui também. O meu objetivo é produzir resultados positivos, não só em termos de dinheiro, mas também em termos de quantas pessoas alcançar e transformar, multiplicando as chances de felicidade. Eu percebi que, quando encontramos um sentido para a vida, até mesmo trabalhar aos domingos se torna uma coisa prazerosa.

---

11 "CAMINHANTE, não há caminho, faz-se caminho ao andar". *In*: Pontos de leitura: o caminhar como método, por Antonio Machado. **Medium**, 10 fev. 2019. Disponível em: https://medium.com/@ateliedehumanidades/pontos-de-leitura-o-caminhar-como-m%C3%A9todo-por-antonio-machado-6973e8084b42. Acesso em: 16 dez. 2024.

O meu trabalho muitas vezes acontece justamente quando a vida de alguém não faz mais sentido. Nesses anos todos, atendi a milhares de pessoas, e todas elas tinham uma coisa em comum: a falta de conexão consigo mesmas e com algo maior. Essa falta de conexão causa uma desarmonia na alma que afeta tudo: a vida pessoal, profissional, financeira, amorosa, enfim, o sentido da vida. Falaremos disso mais adiante.

Basicamente, essa insatisfação acontece porque não valorizamos o nosso esforço. Podemos estar trabalhando vinte horas por dia e não conseguir resultado nenhum, e isso nos deixa muito tristes. E o pior é que, de tanto cansaço, acabamos não nos esforçando mais, e então passamos a enrolar e nos sabotar, porque nada parece valer a pena.

Todo sofrimento nos leva a um momento de mudança. É a vida nos empurrando, para que possamos nos aperfeiçoar e evoluir. Por isso o sofrimento é importante, porque nos faz crescer. É assim que as coisas funcionam. E entender isso é o primeiro passo para a cura. É o que vamos fazer a partir de agora. Vamos nessa!

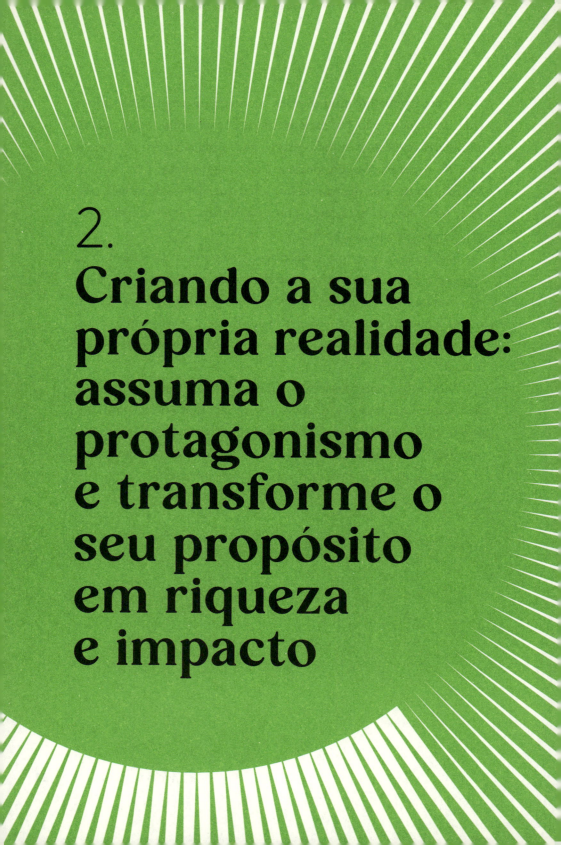

2. Criando a sua própria realidade: assuma o protagonismo e transforme o seu propósito em riqueza e impacto

Já se sentiu frustrado por viver uma vida que não o satisfaz, vendo outras pessoas criarem os seus legados, impactarem com as suas missões e estarem felizes com a vida, enquanto muitas vezes parece que você, os seus negócios ou objetivos estão estagnados? Acredite, essa sensação é mais comum do que imagina. Mas a boa notícia é que você tem o poder de mudar essa realidade e se tornar o autor da própria história.

É hora de deixar de ser um mero espectador e assumir o controle da sua vida; deixar de seguir o roteiro imposto pelos outros e escrever o próprio; romper com o medo e a insegurança e voar em direção aos seus maiores e mais verdadeiros sonhos.

Para inspirá-lo nessa jornada, apresento o Manifesto do Protagonista:

Manifesto do Protagonista

Este não é somente um livro; é um chamado à ação. Um convite para você despertar o poder que reside no seu interior e se tornar o autor da sua própria história, construindo um legado que inspire o mundo.

Ser um protagonista não é sinônimo de perfeição, mas de coragem. Coragem para enfrentar os seus medos, para desafiar os seus limites, para aprender com os seus erros e seguir em frente, mesmo quando tudo parece conspirar contra você.

Ser um protagonista é ter clareza sobre os seus valores, os seus talentos e a sua missão de vida. É saber o que te move, o que te faz vibrar e o que te impulsiona a fazer a diferença no mundo, gerando riqueza e impacto positivo na vida de outras pessoas.

Ser um protagonista é assumir a responsabilidade pelas suas escolhas, pelas suas ações e pelos seus resultados. É entender que você tem o poder de criar a vida que deseja, mas que esse poder exige esforço, disciplina e perseverança.

Ser um protagonista é inspirar outras pessoas a encontrarem a própria voz, a trilharem os próprios caminhos e a se tornarem a melhor versão de si mesmas, criando oportunidades para que elas também possam prosperar.

Se você está pronto para aceitar esse desafio, libertar-se das correntes da mediocridade e abraçar o seu potencial infinito, este livro é para você.

Prepare-se para despertar o gigante interior que existe em você e para escrever uma história que inspire o mundo, gerando riqueza e impacto positivo na vida de outras pessoas.

Esse manifesto é o ponto de partida para a jornada que você vai trilhar com o método Frequência da Alma. Ao longo dos próximos capítulos, você aprenderá a identificar seus talentos únicos, a definir um propósito claro e a construir um plano de ação para transformar os seus sonhos em realidade. E o mais importante: você descobrirá como gerar riqueza e impacto positivo na sociedade, construindo um legado que transcenda o tempo e o espaço.

Agora que você abraçou o Manifesto do Protagonista, está pronto para dar o próximo passo em direção à criação da sua própria realidade.

Você se sente frustrado porque não tem vivido uma vida exatamente como imaginava, com propósito e inspirando outras pessoas. Enquanto as pessoas à sua volta parecem estar vivendo vidas abundantes, você está insatisfeito em muitas áreas da sua existência. No lado financeiro, você pode até fazer riqueza, mas parece que falta alguma coisa. No campo profissional, não sente que é valorizado o suficiente e nunca consegue alcançar um patamar do qual se orgulhe. Já nos relacionamentos, a pessoa certa não aparece, por mais encontros que marque. Ou então você já tem alguém, mas se frustra com o dia a dia, que está longe de ser como esperava que fosse a essa altura da vida.

Levantar-se da cama, muitas vezes, pode parecer um grande desafio. Você vai vivendo os seus dias sem paixão, sem motivação, como se estivesse empurrando a vida com a barriga. Às vezes, você consegue imaginar o que poderia fazer de diferente para mudar a sua situação, mas o medo da mudança o impede de tomar decisões audaciosas, fazendo com que prefira se manter no terreno atual, que não é tão confortável, mas pelo menos é conhecido. Será que algum dia vai chegar a sua vez de viver plenamente, sendo feliz em todas as áreas da vida?

Envolvido em tantos questionamentos e dúvidas, é difícil realmente prosperar e ter uma vida abundante, com significado. Mas essa busca por uma vida diferente, em que você viva o seu sonho, com certeza é o primeiro passo para se transformar. O Universo espera o seu movimento.

COMO DESCOBRI A FREQUÊNCIA DA ALMA

Gosto de compartilhar a minha história porque ela ilustra bem como é possível refazer a caminhada acessando a Frequência da Alma, que move as pessoas que a conhecem.

Como contei, vivi uma fase bem complicada. Quando morava em Curitiba, dava aulas para cursinho pré-vestibular e Ensino Médio, em uma grande rede de ensino, eram três turnos de dedicação integral. Só que, em uma das turmas, havia dois professores que assediavam as alunas (uma delas era bolsista, inclusive). Elas vieram me pedir ajuda, mostrando as mensagens, que eram absurdas. Fiz uma denúncia na diretoria e um dos professores foi mandado embora. O outro demitido fui eu, porque um dos assediadores fazia parte do quadro societário da empresa e foi protegido pela instituição. Além de tirar o meu emprego, esse professor me prejudicou, criando uma espécie de cadastro de *persona non grata*, que mandou para outras instituições de ensino. Como ele tinha muita influência, eu não conseguia mais trabalho.

Precisei aceitar um emprego em uma escola de idiomas que pagava muito mal, mas era o que tinha. Eu ganhava tão pouco, que tive de trabalhar como motorista de Uber para cobrir os gastos de deslocamento entre as empresas que atendia, em turmas corporativas. Até hoje me lembro das corridas perigosas, dirigindo de madrugada.

Imerso nesse momento de desespero e escassez, trabalhando quase dezoito horas por dia e sem conseguir fechar o mês, eu já não sabia o que fazer. Decidi ir para o aeroporto de Curitiba, que fica em São José dos Pinhais. Eu tinha quinze reais na carteira. Parei no estacionamento, que custava doze, e me sobraram três reais. Pensei: "Vou ficar aqui até o primeiro avião chegar!", o que acontecia por volta das 6 horas da manhã.

36 Prosperidade inesgotável

Eram 3 horas da manhã e me sentei no saguão, próximo dos painéis de chegada e saída dos aviões. Lembro que pensei: "Eu vou falar contigo agora, Deus". E senti uma força tão grande no meu peito! Continuei: "Eu preciso mudar de vida". Então escutei na minha mente assim: "O que você quer?". Respondi: "Olha, já que você perguntou, queria trabalhar com o que eu amo e no que sou bom, que é com cura, com a mudança das pessoas. Quero tirá-las da mediocridade para que elas vivam a vida que sempre sonharam. E, se não for pedir demais, que eu possa viajar com isso". Nunca senti aquela sensação de novo, como naquele momento. Parecia que todo o meu ser estava trabalhando para aquilo acontecer.

Logo deu 6 horas, chegou o primeiro avião, peguei uma corrida e fui embora. Era uma sexta-feira, eu estava exausto e dormi até o meio-dia. Quando acordei, havia seis chamadas no meu celular. Eram do Paulo, coordenador do curso de ayurveda, que foi a minha primeira formação.

Retornei a ligação e o Paulo não atendeu. No entanto, mandou mensagem informando que tinha um trabalho para me passar. Ele queria que eu traduzisse um curso para um indiano e pediu: "Mas já manda aí o seu documento!". Imaginei que fosse para produzir o contrato e enviei a cópia da minha carteira de motorista. E ele logo corrigiu: "Não, manda o seu passaporte!". Respondi que já enviaria, mas perguntei o porquê do passaporte. Ele foi taxativo: "Porque precisa de passaporte para fazer isso!". "Mas isso o quê, Paulo?", questionei. Foi aí que ele explicou melhor: "Ah, você não entendeu, então deixa eu te contar: preciso que você vá para a Índia, para anunciar o curso lá para médicos brasileiros". "Sério?", eu digitei (não estava acreditando no que estava lendo). E o Paulo detalhou: "Vamos custear a sua passagem, hospedagem e alimentação, só que para te pagar algum valor, tem que ter pelo menos quinze alunos. E pagaremos mil dólares a cada quinze".

Bom, para abreviar a história, o evento teve 56 alunos, médicos brasileiros e profissionais da saúde, que foram estudar ayurveda durante um mês em um hospital na Índia.

Eu entendi a força de pedir com a alma, sabe? Porque eu pedi e, sete horas depois, aconteceu. E a minha vida mudou completamente. Como fiz as traduções, acabei conhecendo todos os médicos que participaram do curso, o dono do hospital, os professores, todo mundo. Estava superconectado com pessoas muito interessantes. Quando voltei, abri a minha primeira escola de ayurveda no Brasil. Logo em seguida, outras oito turmas, em diferentes estados, foram abertas também, e, pouco tempo depois, eu estava lecionando ayurveda para alunos da Universidade de Amsterdã.

Larguei tudo e fui trabalhar com o que realmente amava. Para mim, esse momento no aeroporto está intimamente conectado com essa mudança, porque foi uma catarse, que hoje aplico no processo terapêutico, exatamente como fiz comigo, naquela madrugada. Ao entender a minha dor, decidi resolver todos os medos que tinha e encarar o que me fosse enviado pelo Universo. Agarrei o que me mandaram, e a partir dali tudo se transformou. Nunca mais trabalhei com o que não queria.

Talvez eu precisasse chegar àquela vida ridícula para me dar conta da minha parte divina. Foi o preço da inconsciência. Não era só ser demitido e humilhado, e sim ter de me ajoelhar em um aeroporto e implorar, para enxergar o ponto a que eu havia chegado, permitindo que a ilusão das coisas desse mundo me bloqueasse a visão. E lá, no fundo do poço, na escuridão, pude reconhecer essa engrenagem, essa inteligência maior, que parecia estar me perguntando: "Já entendeu? Já sofreu o bastante?".

38 Prosperidade inesgotável

É você que precisa fazer esse movimento de renascer. Esta é a sua parte: a AÇÃO – mover-se na direção do seu processo evolutivo, para crescer e SER.

HISTÓRIAS QUE CONECTAM VIDAS

Sou um coletor de histórias, mas me vejo mesmo como um facilitador de vidas por meio da cura profunda. Com a minha dor, pude vivenciar a condição de um ser inconsciente. Isso foi importante porque possibilitou que eu compreendesse as várias facetas do sofrimento e como muitas vezes ele se apresenta em diferentes frentes ao mesmo tempo. A partir daí, por querer exterminá-lo por completo, fui levado para dentro de mim mesmo, acessei a raiz dessa dor e as suas camadas, que precisei retirar uma a uma, desvelando o mais puro que há em mim. Ao alcançar esse núcleo divino, que todos temos, descobri a Frequência da Alma, e ela se transformou na minha razão de viver.

Ao conhecer os mecanismos do sofrimento, comecei a entender a dor do outro, ao mesmo tempo que me via apto a ajudá-lo. Essa dor foi uma mestra severa, que me levou ao limite da minha existência, mas me abriu os olhos sobre mim mesmo. Pude vislumbrar quão grande posso ser quando me reconheço divino. Creio que esse é o grande desafio de ser humano. Enquanto ele não se vê como parte de Deus, o sofrimento será seu senhor e o levará a lugares difíceis de caminhar.

Vejo que histórias conectam as pessoas porque elas percebem que há outras que passaram pelo mesmo sofrimento e que encontraram a solução dentro delas, com o apoio do conhecimento. Neste livro, compartilharei algumas das centenas de histórias que ouvi em todos esses anos e que me inspiraram a seguir em frente, estudando mais e me aperfeiçoando constantemente na missão de ajudar e facilitar o fluxo da vida. Espero que elas inspirem a sua transformação.

RENASCIMENTO

Dionatan viveu um processo extremamente complicado. Com graves problemas físicos e uma doença incurável, ele precisava tomar inúmeras medicações e injeções que o impossibilitavam de levar uma vida normal. Ele mesmo nos conta como foi essa difícil jornada:

> " Às vezes, a gente chega num momento em que não encontra uma saída, nada faz sentido. A única coisa que me mantinha aqui era o meu filho, que morava a 600 quilômetros. E eu pensava: 'Não posso perder o futuro dele!'.
>
> Um dia, pisei no trabalho, sentei na frente do computador e não fiz nada. Simplesmente não conseguia. Eu trabalhava em uma empresa muito grande, tinha um salário bem interessante. Mas a partir daquele momento, comecei a planejar onde e como faria para tirar a minha vida. Cheguei a esse ponto. Na época, tinha um relacionamento com uma menina que conhecia o Erick. Eles se tornaram instrutores de yoga e estudavam juntos. Ela insistiu para que eu fosse fazer uma consulta com ele, e acabei indo, depois de desmarcar várias vezes.
>
> O Erick foi muito persistente. Sem nem me conhecer, ele arrumou um jeito de me atender e me esperou até às 20 horas, o único horário em que eu conseguia. Eu era muito cético. Deus não existia pra mim e eu também não acreditava em uma força maior, só que alguma coisa me fez ir até ele. E eu, todo incrédulo, pensando: *O que esse cara quer fazer comigo? Não faz sentido vir aqui para consultar com ele!*
>
> Sentei ali e comecei a ouvi-lo. Pela primeira vez na minha vida, um ser me olhou como uma pessoa de verdade. Nunca ninguém havia me enxergado como alguém que tem falhas, problemas e

dificuldades, mas que pode mudar e melhorar. O Erick foi a primeira pessoa que falou comigo assim, sem críticas, sem julgamentos, de uma forma pura, com apoio. Só o meu filho olhava assim pra mim antes.

Saí dali balançado, mas muito feliz porque alguém acreditou em mim. E passei a pensar: *Bom, se alguém acredita em mim, eu também posso acreditar.* Eu sempre fazia as coisas para provar aos outros. Pela primeira vez, não precisava provar. Foi quando abri o meu coração que recebi alguém que realmente me fez olhar para mim. Eu não precisei provar nada para o Erick. E quando saí daquela consulta, a minha vida começou a andar em outra direção. Comecei a fazer todos os exercícios passados por ele e a trabalhar outras coisas, a ter outras experiências. Foi uma ponte para o que estou me tornando hoje.

Comecei a fazer curso de meditação e lá descobri a doença autoimune que eu tinha. Então, somando essa enfermidade com o estresse do dia a dia, a distância do meu filho e um áudio que recebi da minha irmã, nasceu a mistura perfeita para que eu pensasse em suicídio. Com a ajuda do Erick, no entanto, comecei a ter autoconhecimento.

Em um retorno ao meu médico, perguntei: 'Doutor, o que eu tenho?'. Ele respondeu que era artrite psoriásica.[12] Eu o provoquei: 'Quem disse que eu tenho?'. Ele falou: 'Dionatan, é de família: a sua mãe tem, o seu avô tem, o seu tio tem. E, hoje, ela está se manifestando muito forte em você. Você também tem isso'. Eu questionei: 'Olha, se alguém fizer um teste de HIV, dá para ver que lá tem um vírus, mas qual é o exame que vai me mostrar que tenho isso?'. Ele respondeu que, de

---

12 Artrite psoriásica afeta as pessoas que têm psoríase – uma condição caracterizada pelo aparecimento de lesões avermelhadas e escamosas majoritariamente nos joelhos, cotovelos e couro cabeludo.

Criando a sua própria realidade **41**

fato, não havia um exame específico nesse caso, considerando que essa doença se encontra em um patamar pouco estudado.

Como tratamento, eu fazia uso de um medicamento imunobiológico, que era uma injeção (produzida a partir de células vivas, com técnicas de engenharia genética) aplicada a cada quinze dias. Eu tomava quatro comprimidos por dia e, toda terça-feira, oito comprimidos a mais, ou seja, doze comprimidos no total. As duas injeções custavam mais de sete mil reais por mês. Tive que processar o estado do Rio Grande do Sul para poder recebê-las gratuitamente pela rede pública, pois eu não tinha condição de pagar esse valor.

Por ser uma doença imunossupressora, qualquer outra coisa que eu tivesse poderia me levar à morte. O meu sistema imunológico, que deveria me salvar, estava me derrubando. Sem contar os efeitos colaterais! O estresse fazia com que meus pés inchassem, então eu não andava. Foi neste estado que cheguei ao Erick: com muita dor no corpo, nos pés, os tornozelos inchados. Quando comecei a cuidar de mim, a me olhar e sentir o que eu realmente amava, parece que muita coisa se tornou mais clara. Não usei mais os corticoides, nem os remédios para dor. Fiquei só com a injeção, sem o meu médico saber. E percebi que os efeitos sumiram.

Pensei que havia algo que ainda estava me incomodando, que precisava tirar da minha vida. Foi quando decidi me demitir da empresa em que estava, abri mão do meu salário, do cargo; em teoria, de tudo que estudei para ser. Foi uma decisão forte. Quando cortei esse último laço e soltei aquele peso, a minha vida mudou. Parecia que estava aqui apenas para fazer o que eu amava.

Então eu disse ao meu médico: 'Bom, doutor, já que o senhor não tem como me dizer o que eu tenho, vou me curar mesmo assim'.

Passei a trabalhar muito e a não honrar as doenças que não eram minhas. Se a minha mãe escolheu honrá-las, se o meu avô escolheu honrá-las, eu respeito. Um ano depois de ter parado os remédios, incluindo as injeções, ouvi do especialista: 'Não sei o que você está fazendo na sua vida, mas eu posso te dizer uma coisa: apenas continue, porque a sua doença está em processo de remissão e cura'.

Eu tinha a doença e mesmo assim estava me curando dela. Entendi que nada de fora para dentro vai me curar. E tudo de dentro para fora vai me curar ou me adoecer. De certa forma, essa compreensão salvou a minha vida. Acho que salvou também a relação com a minha família e com o meu filho. Hoje moro a uma quadra da casa dele. É uma coisa maravilhosa! E mais do que salvar a minha vida, ou evitar a minha morte, acho que a trouxe de volta. Trouxe mais cor e mais motivos, que estavam dentro de mim, para aproveitá-la e para usufruir do futuro do meu filho.

O mais legal disso tudo é que o processo foi leve. A única parte difícil foi quando comecei a olhar para os meus monstros: a reconhecê-los, ou a me reconhecer. Aquela pessoa não existe mais. Eu me tornei livre para ser quem eu sou, olhando para dentro. O mundo diz que eu tenho que ser uma coisa só. Mas, hoje, posso ser tudo, em busca de um objetivo, que é contribuir com o mundo, seja como for.

Posso dizer que o Erick foi muito importante pra mim e que, salvando a minha vida, ele gerou mais combustível para outras pessoas viverem. Porque cada pessoa que atendo, que me fala que eu a ajudei em algum momento, me faz sentir muito bem.

Sou muito grato por essa entrega, por ter sido atingido por essa sua missão de trazer conhecimento e, junto dele, a cura. Sei que você não cura ninguém, mas conhecê-lo faz com que as pessoas se curem. Gratidão, Erick.

RETIRANDO AS CAMADAS

Ana trabalhava incansavelmente em uma loja e ficava desesperada à espera da pensão do marido para auxiliar no alimento do filho. Um dia, foi se consultar comigo. Falei assim: "Ana, alguma coisa muito errada vai acontecer essa semana, mas não sei o que é". Na hora em que eu estava falando isso, ela me fez uma pergunta sobre trabalho. Comentei que existe uma coisa na filosofia védica chamada *nimitta*, que significa sinais. Quando falei que algo ia dar errado na vida dela, ela perguntou sobre o trabalho, então deduzi que havia algo errado nessa área da sua vida.

Continuamos conversando, mas eu estava tão convicto do que falei que mencionei várias vezes que ela precisava trocar de emprego. Ela pediu demissão. Eu entrei em colapso, pensando na minha responsabilidade pelo que eu havia falado. "E se ela não conseguir outro emprego?!". Três dias depois, a Polícia Federal entrou na loja (na qual ela já não trabalhava mais), achou drogas e prendeu os donos por tráfico. Imagina se ela estivesse lá! No mínimo, teria de provar sua inocência e, para tanto, precisaria contratar um advogado, mesmo sem dinheiro.

Ana sabia jogar runas e cartas, uma habilidade que aprendeu com a avó, mas que a sua mãe reprovava. Um dia, falei para ela: "Por que você não trabalha com runas, com cartas? Muita gente está procurando! A sua ancestralidade está aí, só que você tem medo de que dê certo, não é? Você tem medo de encarar uma dor que herdou da sua mãe". Ana começou a entender que poderia mudar a sua vida dessa maneira.

De fato, a vida de Ana se transformou completamente. Hoje, ela faz parte da minha equipe e recebe dez vezes mais do que ganhava quando trabalhava mais de oito horas diárias naquela loja. As pessoas a procuram para fazer mapa astral, ler runas e cartas – e já temos vários relatos de muitos que tiveram as suas existências tocadas por isso. Ela sempre desejou seguir os passos da avó, só que fingia que não queria, por medo do julgamento da mãe.

Quando recebeu o seu primeiro salário nesse novo trabalho, Ana, que é mãe de uma menina de 18 anos e de um menino de 4, me fez chorar. Ela ligou para mim e disse: "Erick, só queria te falar que eu tô no supermercado e não tô olhando o preço das coisas. Algumas eu nunca pude comprar. Mês que vem vai ser o aniversário do meu filho e eu não ia fazer festa, mas agora vou, pois tenho o suficiente". Você entende a mudança disso? Já está repercutindo na próxima geração, porque agora os filhos dela saberão o que é abundância – e isso vai reverberar! A felicidade dela repercute no trabalho, nas pessoas que atende!

A cura da Ana mostra que ela conseguiu entender a potência que estava dentro dela, resolvendo, principalmente, os traumas que vinham da mãe. Esses traumas são camadas que escondiam a potência da Frequência da Alma de Ana, que não permitiam que ela chegasse aos lugares que queria até então.

EM BUSCA DE SENTIDO

O meu padrasto é um grande exemplo de transformação. Percebo que a sua dor é ter de parar de trabalhar, porque ele tem muita força e vigor e, apesar de aposentado, ainda atua na indústria do aço e ganha bem. Ele sabe que o seu trabalho não se relaciona apenas com o resultado da empresa – que também é importante para que todos sejam reconhecidos –, mas ganhou outro significado ao focar as pessoas que estão sob a sua coordenação técnica, aprendendo uma profissão para crescer.

Toda manhã, ele come vários pães. A cada pessoa que passa pela cafeteria, ele pega um pão para acompanhar a conversa. E, assim,

Criando a sua própria realidade **45**

ele encontrou um sentido. Ele não cursou faculdade, mas recebeu a oferta de um curso on-line de dois anos para se tornar tecnólogo, o que dobraria o seu salário e o promoveria a gestor. Ele não aceitou, porque está feliz ali ao lado das pessoas que coordena e não quis fazer esse movimento.

É interessante observar a sua dinâmica. Ele acorda todo dia às 5 horas da manhã, faz um cafezinho, alimenta os cachorros e lava o quintal da casa. Às 5h50, ele desce a pé para o trabalho e chega na indústria antes de todos, bem antes das 7 horas. Aguarda a equipe na sala, porque quer abraçar, cumprimentar, conversar até iniciar o expediente de fato. E assim ele é muito feliz. Às vezes, é chato conversar com ele, porque o tema é quase sempre trabalho. Eu, porém, também sou assim, também falo disso o tempo todo. Foi no trabalho que ele encontrou o sentido da sua vida ao começar a entender, de maneira mais ampla, que coordenar é amar as pessoas. Não é amar o trabalho técnico, no qual é excelente. Essa parte técnica é só um modo para que as pessoas executem o melhor delas.

Essa mudança de visão teve início quando o meu padrasto passou por uma espécie de atendimento comigo, por acaso. Durante a minha infância, ele foi muitas vezes violento, bravo e rígido, mas, desde cedo, eu enxergava a dor dele. Por isso, fui resiliente. Quando eu tinha 16 anos, finalmente consegui tocar o seu coração. Algum tempo depois, ele até passou por um episódio na igreja, em que sinto que encontrou algo (talvez o Espírito Santo). A primeira decisão dele, após essa experiência, foi pedir perdão para a sua tia, com quem não conversava havia muito tempo. Os parentes perceberam que ele virou outra pessoa, ficou mais carinhoso. Nunca mais tivemos nenhum conflito e hoje mantemos uma relação de muito amor e confiança.

A ILUSÃO DA REALIDADE

Uma fábula, que ouvi certa vez, mostra uma faceta interessante sobre nós, humanos. Conta sobre um sábio, que vivia sentado em uma pedra, na entrada de um vilarejo, por onde passavam moradores e visitantes. Um dia, um viajante questionou: "Como é viver nesta cidade? Vou me mudar para cá para trabalhar!". O sábio então perguntou: "Como é a cidade de onde você vem?". E o viajante disse: "É uma cidade linda, com pessoas maravilhosas, um excelente lugar para educar os meus filhos". O sábio, então, respondeu: "Que sorte! Aqui também é um lugar lindo, o povo é maravilhoso, excelente para as crianças!". O homem seguiu em frente.

Passado algum tempo, outro homem chegou ao vilarejo, encontrou o sábio e logo perguntou: "Como é viver aqui? Pretendo morar nesta cidade". E o sábio repetiu a mesma pergunta que havia feito ao anterior: "Como é a cidade de onde você vem?". E ele respondeu: "É um lugar feio, com pessoas horríveis, péssimo para viver. Eu não tinha amigos naquela cidade". O sábio respondeu: "O senhor não teve sorte. As pessoas desta cidade são iguaizinhas às de lá". E o viajante se foi.

Um discípulo do sábio, que acompanhou as duas situações, questionou o seu professor: "Mestre, o senhor deu duas definições da cidade completamente opostas, em menos de dez minutos. Qual das duas é a verdadeira?". E o sábio disse: "As duas. Uma coisa é a realidade e outra é a percepção de cada um".

Então, reflita: como é a cidade onde você vive? Como são as pessoas dessa cidade? Como você se porta nesse lugar?

Abordamos as principais dores que você pode estar vivendo agora. Partiremos para o entendimento das causas desse sofrimento, em busca das soluções, logo adiante. Esteja presente!

3.
Em busca das raízes

Depois de atender a milhares de pessoas em todos esses anos, percebo que há muitos pontos em comum entre elas – como o fato de não conseguirem se conectar verdadeiramente consigo mesmas e com a sua missão de vida. Deixam a vida seguir no modo automático, sem um objetivo definido, optando por trabalhos que não as motivam. Não conseguem olhar para dentro de si e escutar a própria alma. Em vez disso, procuram respostas de fora e tentam resolver seus problemas com medicamentos ou bens materiais.

Além dessas questões individuais que o impedem de SER você mesmo (a sua própria essência), é fundamental ter consciência sobre o seu agora. Estamos vivendo tempos complexos, em que temos dificuldade de conviver com as pessoas e de contar com o apoio e a colaboração dos outros. O egoísmo, infelizmente, está em evidência. Iniciativas altruístas até ocorrem aqui e ali, só que de maneira muito discreta.

Os conhecimentos ancestrais indianos nos mostram que estamos no kali yuga (que pode ser traduzido, não literalmente, como tempo de expiação). Trata-se de uma era de transformação para a existência do Universo, um momento em que o exercício da individualidade é importante, mas a prática da coletividade também. Do contrário, a mudança da humanidade para um degrau evolutivo mais elevado não será possível. Na sequência, viveremos a era de ouro, na qual todos terão um entendimento claro do amor.

O ponto aqui é provocar uma reflexão sobre o seu papel nesse cenário. Pergunte-se: o que estou fazendo para mudar tudo isso? Qual é a minha manifestação no mundo? Tenho contribuído para a paz interna e externa ou só venho perturbando os ambientes?

É importante entender que qualquer cura e prosperidade começa em nós, então é crucial olhar para dentro e limpar pensamentos, palavras e ações, a fim de melhorar a própria vibração. O equilíbrio virá de um conjunto de ações, como você vai entender em breve.

FALTA DE VISÃO E MERECIMENTO

A principal causa de sofrimento humano é a falta de visão sobre a própria vida, que se relaciona com diversos aspectos. Ela tem início no dia em que você se condiciona a pequenas falsas verdades que de alguma maneira foram impostas e aceitas, como "eu não mereço". Talvez você se observe repetindo frases similares a "eu não dou conta!" ou "isso não é pra mim!". A insatisfação geralmente nasce dessa sensação de não ser merecedor, que é algo comum nas pessoas que atendo. Elas sentem que não podem ter sucesso. Eu também passei por isso. E pergunto a você: como é possível avançar, se você não merece?

Talvez você esteja se perguntando de onde vem essa negação. Ela nasce das dores e dos traumas, aquelas camadas que o impedem de ser você, de acessar sua essência divina. Você pode ter sido tolhido de alguma maneira, ou pode ter sido impactado por algo tão pesado que não consegue sair desse lugar. Então, cria uma falsa ideia de não merecimento. Na verdade, porém, isso não é real. O não merecimento é só um jeito de ocultar uma dor muito grande que está lá dentro. Todos os traumas se baseiam nisso, na ideia de que você não é capaz, assim como em verdades que não são verdades, que estão latentes dentro da sua perdida e necessitada criança interior.

Então, um dia, você está lá, seguindo a massa da sociedade, não sabe quem é, nem o que verdadeiramente quer e ama: os outros lhe dizem o que você deve ser, pensar, viver. Claro, isso não é culpa sua, você foi envolvido nessas camadas de crenças. É seu papel, contudo, sair desse lugar e se mover rumo a um contínuo aprimoramento.

Tenho percebido ainda que essa inabilidade de se enxergar como realmente é afeta pessoas de diferentes classes sociais, etnias, gêneros e graus de instrução. Atendo milionários e pobres, celebridades e pessoas comuns que estão infelizes e inconscientes, vivendo a ilusão dos sentidos de Maya (a ilusão que, segundo a tradição hindu, nos faz acreditar que o mundo material é a única realidade).[13] Nenhuma delas consegue imaginar quão grandiosas e potentes elas são. Sei que as oportunidades diferem, mas há dores similares. O ponto em comum é que elas sentem que não estão vivendo o legado de Deus na Terra. Somos eternos e infinitos; no entanto, agimos como súditos, quando poderíamos ser soberanos.

Muitas vezes, não ter a visão sobre o lugar que você pode ocupar no mundo o afasta de conquistar grandes sonhos. Abrir-se para esse lugar potente que é seu – mesmo quando parece que você está contra tudo e todos, inclusive contra o sistema – faz com que a magia da vida ocorra. Reconhecer essa grandiosidade é o que descortina um mundo de possibilidades. Porém, isso exige grandes mudanças, e essa é a parte que cada um precisa inevitavelmente buscar.

---

13 MAYA: a natureza da ilusão. **Gayatri Yoga**, 31 maio 2016. Disponível em: https://www.gayatriyoga.com.br/blog/?p=1221. Acesso em: 16 dez. 2024.

Acontece que a maioria das pessoas está distante daqueles que ama e, mesmo quando está perto, está presa a uma jornada de trabalho que é maior que o tempo de lazer e de descanso. O dia a dia delas está lotado de tarefas urgentes, envolvidas em muita ansiedade, e uma vibração negativa paira no ar. Elas não têm tempo, por uma questão de oportunidades, e acabam levando a vida no modo automático, vivendo o que a sociedade espera que vivam, sem conseguir parar para pensar que talvez possam se tornar algo que condiz com o brilho da sua alma. A conformidade com discursos que tentam sempre subjugar, a falta de visão sobre a própria existência, a crença de que as respostas estão no externo e que a história do outro é sempre melhor faz com que acabem atuando como coadjuvantes, e não protagonistas. Tudo isso as adoece.

Podemos falar com as pessoas que nos rodeiam, tentar nos relacionar, mas não aprofundamos essas relações. Permanecemos na superfície, no raso, sem interagir com o Universo que está dentro do outro. Não nos permitimos aprender tudo que poderíamos, o que nos impede de alcançar os resultados de que nossa alma precisa para dar um salto evolutivo.

Vivemos em uma sociedade que realmente desempenha papéis de opressores e oprimidos, mas existem momentos em que podemos sair dessa dicotomia e repensar certos pontos nevrálgicos de nossas afirmações. Às vezes, as pessoas dizem assim: "Ah, dinheiro é sempre sujo! Só quem faz sujeira ganha dinheiro! Eu nunca vou conseguir melhorar financeiramente! Quem consegue está passando os outros para trás!". Essa fala é ótima para as pessoas que estão acumulando riquezas, porque faz com que continuem dominando aquelas que estão presas na ideia de escassez. Quando você sai desse lugar, dessa dicotomia "eu não posso e ele pode, porque é corrupto, isso e aquilo", começa a pensar e a mudar. Assim, um dia, será livre. E pode até mesmo ir além: transformando a relação de um sistema que se firma de modo injusto.

A dificuldade de enxergar a própria vida também faz com que você delegue aos outros a responsabilidade que deveria ser sua. É o que acontece no nosso sistema patriarcal, no qual as pessoas se acostumam a esperar de um "pai" – representado pelo presidente, o governador, o prefeito, o síndico do prédio, o professor, o diretor, o chefe, o padre, o pastor entre outros – as orientações sobre como viver e organizar a vida, na falsa ideia de que eles sabem o que é melhor para você. Dessa forma, perde-se a visão do Todo.

A postura passiva de esperar do outro (seja quem for esse outro), em vez de resolver você mesmo o problema, não é algo que convém a um adulto, ou seja, a um ser maduro espiritualmente. Aquela pessoa que fica maratonando séries sem parar, por exemplo, ou se esconde atrás de vícios, jogos, drogas e outros comportamentos autodestrutivos está fugindo da dureza do mundo e da responsabilidade de buscar as soluções para a própria vida. Veja, é importante contar com a ajuda dos outros, só que também é necessário manter a própria individualidade, um apoio que vem de dentro, não de fora.

POLARIDADE INVERTIDA

A postura contrária à abundância apresenta muitas facetas. Uma delas é basear sua vida em falsas verdades, como "todos os ricos são corruptos" ou "só os desonestos prosperam". Você percebe que essas "verdades", repetidas ao vento, colocam todos – incluindo você e eu – em um lugar antiético e desonesto? É como se você e eu não pudéssemos obter riqueza por meio de um trabalho baseado em bons princípios, como ajudar pessoas, atender às suas necessidades e construir algo honrado e nobre.

Esse fenômeno é o que chamo de inversão de polaridade. Ele também está presente em frases do tipo "não consigo ter rotina nem disciplina!", ditas por pessoas que todos os dias assistem à Netflix às 8 horas da manhã. Essas pessoas têm uma rotina, a do prazer. Cedem a seus impulsos sem considerar o resto. Ou, então, por aquelas que não conseguem fazer atividade física regularmente, mas têm disciplina para descansar. Conheço ainda pessoas que dizem "não consigo atrair abundância", ao mesmo tempo, compram dezenas de coisas inúteis, apenas atendendo aos caprichos do ego ou da vaidade. Elas sabem, sim, atrair abundância, só não estão conseguindo lidar com ela de maneira equilibrada.

Há também aquelas que dizem: "Eu não tenho força de vontade para comer de maneira saudável", mas têm foco para consumir alimentos ultraprocessados. Reclamam que, além de dar trabalho, nutrir-se corretamente é caro. Nunca calcularam, entretanto, o preço de 1 quilo de certos salgadinhos industrializados, que podem custar mais do que o mesmo volume de legumes, frutas e vegetais. Essa afirmação é falsa porque ambas as ações demandam esforço, tanto a que faz bem quanto a que faz mal. É apenas uma questão de ressignificar as escolhas e compreender aquelas que o levam – ou não – ao seu propósito.

Em todos esses exemplos, as pessoas estão usando o polo contrário, fazendo exatamente o oposto do que as levaria ao que desejam: ter uma vida saudável, emagrecer com saúde, serem produtivas e felizes, terminar cada tarefa proposta com eficiência e sentir que estão construindo o que se propuseram a fazer.

Outro ponto é a dificuldade de acessar a polaridade correta, que é uma causa de sofrimento. Viver na polaridade negativa, com pensamentos nocivos e restritivos, transforma-se em um péssimo hábito, que vai empurrá-lo para os problemas e conectá-lo com pessoas que vibram nessa mesma frequência.

O que falta para inverter esse polo? Alcançar o equilíbrio das polaridades, estabelecendo momentos de atividade e passividade, descanso e trabalho, com o seu objetivo definido e bem claro dentro de você. Fique tranquilo: vamos trabalhar nesse aspecto mais adiante.

CAMADAS E MAIS CAMADAS

Supostas "verdades" podem ofuscar sua visão sobre o que realmente importa. Chamo de camadas esses traumas, dramas e crenças que bloqueiam o seu caminhar e a sua prosperidade. Elas são representadas por frases que ouviu sobre si mesmo e sobre o mundo, e também pelo exemplo de pessoas importantes (como pais e parentes) que você imita até hoje, sem nem entender a razão.

Muitas dores podem ter sido registradas na sua criança interior, e você traz isso tudo para a vida adulta. Imerso nessas dores de maneira inconsciente, é comum percebê-las apenas quando algo está dando errado em alguma área da vida e você não consegue resolver de jeito nenhum. Tais camadas são, portanto, ocultas, pois estão escondidas pelo seu inconsciente para protegê-lo do sofrimento que poderá surgir ao acessá-las diretamente. Não queremos mexer nesses traumas, porque eles doem demais.

Tais sofrimentos podem ser múltiplos, aliás. E, diante das dificuldades, essas camadas nos levam a nos comportar como crianças que não sabem o que fazer. Crianças precisam de adultos para resolver as coisas, e não podemos exigir muito delas, já que ainda não estão preparadas para as grandes adversidades da vida.

Você talvez conheça alguma pessoa nessa situação. Como um adulto que está preso a uma alimentação infantil – comendo só salgadinhos e doces o dia inteiro –, pois sempre vai aparecer uma "mãe" (representada por amigos, cônjuge e outros) que vai lhe dar atenção e insistir para que ele coma um legume, uma fruta ou outra coisa saudável. Limitado a essa fase, esse adulto constantemente precisa de um docinho para satisfazer a criança ferida que sente dor e quer ser cuidada. Enquanto não resolver a origem, isto é, a raiz dessas dores e eliminar essas camadas, vibrará nesse ciclo de inconsciência, pedindo para ser visto e batendo o pé sempre que desejar algo.

As camadas precisam ser acessadas para que a vida seja mais fluida e verdadeira. Mas, calma, abordaremos esse ponto mais profundamente no Capítulo 5.

DESCONEXÃO

Não se sentir conectado consigo mesmo, com os outros e com algo maior causa sofrimento. Quando você se conecta com o divino que está em você, por outro lado, também se liga automaticamente a tudo e ao Todo. É uma reação em cadeia, que reverbera para todas as áreas da vida.

Muitos ainda desconhecem essa essência divina que está dentro de todos nós. A falta de percepção sobre a própria divindade os coloca em um caminho tortuoso, prendendo-os nesse campo material e limitado.

Há muitas pessoas que ainda acreditam que somos apenas matéria física, capaz de durar 80, 90 ou 100 anos, até a morte do corpo, quando tudo acaba. Com essa visão, já estabelecem que são seres limitados, que têm fim e que, portanto, podem menos, porque assim entenderam. Como você está onde se coloca, já sabe o que vai acontecer. Veja, a aceitação desse Deus interno não tem

56 Prosperidade inesgotável

nada a ver com nenhuma religião, e, sim, com a necessidade de reconectar-se para trazer consciência e novas possibilidades.

Não viver no presente é outra forma de desconexão, porque você se coloca no passado ou no futuro, deixando de focar o caminho que está sendo percorrido. É interessante visualizar que o passado já aconteceu (ficaram somente os aprendizados) e o futuro ainda não chegou. Só temos o agora, que é o único tempo que realmente existe.

A desconexão também gera um sentimento de escassez. Você passa a viver no modo sobrevivência. Pensa: "Vou trabalhar de Uber porque perdi o emprego e preciso pagar as contas!". É uma saída, uma estratégia para sobreviver, só que talvez você se acomode ali, fique naquele lugar, porque não consegue vislumbrar mais nada. E acaba percebendo que não sabe mais do que gosta, entrando no modo automático e trabalhando das 8 horas da manhã às 6 horas da tarde, dia após dia. Não olha mais atentamente para si, nem percebe que tem inúmeros talentos que poderiam ser acionados para encontrar uma saída que trouxesse ganho financeiro e prazer. Note que não há problema em trabalhar durante esse período, se você sente alegria no que faz e percebe que está construindo algum legado.

Além disso, a falta de autoconhecimento, não saber o que realmente você pode ser, leva-o a seguir o pensamento coletivo e a perder a individualidade, o que impede que você se manifeste de maneira grandiosa, como seria esperado e possível. Não se conhecer também é se desconectar.

APEGO

O apego é o que tira você da experiência e o coloca no objeto. Por quê? Porque, ao ser apegado – às coisas (à matéria, em geral), às pessoas, aos vícios (fumo, álcool, alimentos etc.), a uma carreira, ao status de algum cargo, ao reconhecimento externo, a pensamentos e opiniões ou a qualquer coisa que o prenda de alguma maneira –, você se desconecta de si mesmo e da sua potência divina. Vive apenas a ilusão do externo e perde a oportunidade de descobrir algo novo e de evoluir.

Isso, aliás, pode fazer mal também às pessoas à sua volta. O apego à família faz você superproteger o seu filho, a sua esposa, o seu marido, os seus pais, impedindo-os de vivenciarem as próprias experiências e passarem pelos aprendizados necessários. É importante acompanhar de perto as experiências de um filho, mas é essencial dar liberdade para que ele desfrute das oportunidades e possa se manifestar, ser ele mesmo, ter opiniões e ideias (até mesmo para testá-las) e alcançar os próprios resultados.

Por causa desse apego natural à família, é comum que alguém que escolha uma vida monástica – especialmente um monge de linhagem védica ou tantra –, receba a recomendação de morar em outro continente. Isso evita que a pessoa fique presa a alguém conhecido.

Outro tipo de apego é o de se prender ao objetivo final de uma jornada, à linha de chegada, em detrimento do caminho percorrido para chegar lá. Essa atitude está ligada a não viver o presente, uma vez que, assim, a pessoa se coloca sempre no futuro. É possível que, muitas vezes, na hora que você consegue algo, acabe nem desfrutando da conquista: já cria o próximo objetivo e sai atropelando tudo. O aprendizado, no entanto, está no dia a dia, no desenvolvimento da trajetória que vai levá-lo ao objetivo a ser concretizado. É por isso que cada passo precisa ser celebrado, mesmo que pareça pequeno, pois trará mais energia para você seguir em frente.

Só consigo estar no presente se foco em cada etapa do caminho. Eu traço o meu objetivo, aquilo que desejo e vivo. E, apesar de óbvio, é no hoje que construo esse futuro. Se você já definiu onde quer chegar, foque os passos que o levarão a esse fim. Não adianta querer escrever um livro começando pela noite de autógrafos. Não faz sentido algum. Temos uma jornada para trilhar e é nessa caminhada que consiste a vida. É a constância que constrói o momento da chegada. Se me apego apenas ao objetivo final, fujo do presente e perco a experiência de vida.

Outro ponto de atenção: segundo o escritor Vagbhata, em parte de sua obra *Ashtanga Hridaya*, toda doença começa no apego.[14] Por quê? Porque ele nos leva a bloquear a conexão com a nossa centelha divina. Quando você está desconectado da sua potência interior, focado no externo, não consegue manter a harmonia, que é o que define seu estado de saúde.

Caminhamos até aqui buscando as razões do sofrimento e as suas causas mais comuns, para que você possa identificar o que precisa ser resolvido. Agora seguiremos em direção às soluções, para curarmos essas dores e alcançarmos um entendimento maior sobre os seus aspectos. Mantenha-se positivo!

---

14 PISHARODI, S. **Acharya Vagbhata's Astanga Hridayam Vol 1**: The Essence of Ayurveda. 2016.

4.
Prosperidade e abundância

A abundância é parte da sua alma e, para acessá-la, você precisa remover as camadas – os traumas e medos – que o impedem de crescer e aprender a mudar os seus padrões vibratórios para manifestar felicidade e prosperidade. Neste capítulo, vamos sobrevoar algumas soluções iniciais e reflexões para que você possa manifestar, no seu tempo, a sua verdadeira essência.

VISÃO ALÉM DO ALCANCE

Dar aulas é uma coisa, transformar o futuro é outra. Na sua atuação profissional, um professor pode viver as duas realidades em diferentes dimensões de entendimento. O mesmo vale para esta obra, que poderá ser apenas um livro na prateleira ou uma ferramenta de transformação na sua vida, conectado a outras ferramentas de propósito semelhante. Vai depender do seu olhar.

A maneira como você vê as coisas modifica a realidade, o que faz com que você consiga ir mais longe ao acionar essa visão mais ampla. E será assim com tudo que o cerca. É como a espada justiceira de Thundera, do antigo desenho animado *Thundercats*, usada como um binóculo superpoderoso que possibilitava enxergar além do alcance normal.

Outros super-heróis mais populares atualmente também têm uma habilidade parecida: o Professor X, do X-Men, consegue varrer o mundo mentalmente e acessar a consciência de qualquer pessoa, enquanto o Super-Homem, com a visão de raio X, enxerga através dos objetos. O Homem de Ferro, por sua vez, tem uma visão "tecnológica" que analisa o ambiente de inúmeras maneiras, já o Homem-Aranha se beneficia do "sentido aranha", uma característica que o ajuda a prever possíveis perigos com antecedência.

Ter essa visão treinada não é fantasia, apesar de ter sido retratada em super-heróis não humanos! Ela é, sim, um superpoder que todos podemos acionar, em diferentes graus. Porque tudo em que colocamos a nossa atenção cresce e ganha outra dimensão. Percebi esse fenômeno na minha vida depois que comecei a entender o processo da Frequência da Alma, que me fez começar a pensar em uma dimensão mais ampla das coisas que faço. Por isso, vou criando ideias que são maiores do que elas parecem. Costuma dar mais trabalho, mas também gera mais prazer.

Mesmo sabendo que essa visão além do alcance funciona, uma vez que já recebi muitas provas disso, às vezes me questiono sobre algumas coisas, como o porquê de inúmeras pessoas bem-sucedidas e até milionárias buscarem o programa Frequência da Alma. Outro dia, atendi uma atriz reconhecida nacionalmente, que comprou o curso e queria falar comigo. Como sei que a maioria dos que me procuram normalmente chegam tristes e insatisfeitos, fiquei intrigado em descobrir qual era o ponto de atenção ali.

Depois de algumas conversas, vi que o caso dela tinha conexão com o fato de sentir que não estava deixando a sua marca no mundo, o seu legado. Esse é um ponto fundamental para nós, humanos. Na hora em que ela descobrir a sua visão além do alcance, vai enxergar também a sua potência – e conseguirá manifestar em algo grandioso, que nem precisa ser uma novela de sucesso em uma emissora de alcance nacional ou internacional. Pode ser que ela participe de uma peça espetacular, por exemplo, mais de acordo com o seu propósito e com os valores que pretende viver.

As oportunidades são diferentes, as realidades são distintas, mas isso é aplicável a qualquer situação. Podemos dar um salto (mesmo que aparentemente pequeno) na nossa existência, daqui para ali. Sei que todos podem encontrar um caminho próprio, um trabalho ou atuação que faça sentido para suas almas. Mesmo que seja criar filhos com simplicidade e princípios ou conversar com pessoas que se sentem sozinhas e sem esperança. Dar esperança, aliás, é algo extremamente nobre, porque ajuda o outro a chegar aonde quiser, se assim acreditar. "Tudo é possível ao que crê", disse aquele ser especial, cerca de dois mil anos atrás.[15] Lembre-se, portanto, de que toda função é importante, depende apenas da sua intenção. Sempre haverá algo que você pode fazer para melhorar o caminho por onde passa.

Quando percebemos que podemos fazer algo que seja maior que nós mesmos – sem focar apenas os ganhos financeiros, mas o sentido que aquilo pode trazer para nós e para as pessoas –, a nossa vida ganha uma dimensão mais ampla, e expandimos seu real significado. Enquanto estiver querendo fazer dinheiro só para colocar uma Ferrari ou um Porsche na sua garagem, a sua visão ainda está muito curta. O desafio aqui é ampliar esse entendimento.

Para alcançar a visão além do alcance é preciso tirar o antolho ou a viseira que limita a sua percepção. Para mim, são as dores com as quais convivemos o tempo todo, que aprendemos que eram

---

15 BÍBLIA. Português. **Bíblia Ave Maria** On-line. Editora Ave Maria. Disponível em: https://www.bibliacatolica.com.br/biblia-ave-maria/sao-marcos/9. Acesso em: 16 dez. 2024.

nossas, às quais nos apegamos, mesmo que nos façam mal. Muitas pessoas chegam a personificá-las: elas passam a ser a sua doença crônica (as suas dores nas costas, o joelho que range, aquela labirintite), o seu jeito de ser ("Sou um azarado mesmo!", "Nada dá certo pra mim!") e as suas crenças sobre tudo ("A vida é difícil mesmo!", "Nem todos conseguem alcançar os seus sonhos!").

Em Buenos Aires, na Argentina, atendi um empresário que me chamou porque estava mal. Falei para ele que, se continuasse daquela maneira, adoeceria e poderia morrer mais cedo. Por conta do estresse no trabalho, ele estava entrando em depressão e chegando a um estado de burnout, apesar de morar em um lugar incrível e ter tudo que queria. Só que ele e a esposa resolveram se apegar apenas a uma das frases que falei: "Você vai morrer mais cedo". O casal tem raiva de mim até hoje. Ainda assim, aquelas palavras geraram um movimento tão grande que mudou a família deles por inteiro. Agora, ele chega em casa a tempo de brincar com os filhos e os leva para a escola, não faz hora extra até tarde e vive com mais harmonia.

Quando descobri que eles estavam com raiva de mim, pensei: *O meu trabalho foi feito. Por mais que tenha doído.* A raiva geralmente acontece quando mexemos em uma estrutura muito pesada e complexa. Na hora que você olha mais amplamente a sua situação, no entanto, e reconhece a necessidade de mudança, não tem por que sentir raiva. Há algo naquela família que ainda precisa ser trabalhado. Ainda é preciso chegar à raiz desse medo persistente. Eles só o transferiram para mim – e em algum momento vão precisar olhar para isso a fim de resolvê-lo.

Na medicina ayurveda, qualquer coisa que impeça o seu caminho espiritual é tratada como uma doença. Então, se você tem uma enxaqueca tão terrível que não consegue pensar em nada e só quer que aquela dor suma, esse incômodo está impedindo que você olhe para um lugar mais alto. Por isso existe a Frequência da Alma, com as técnicas que eliminam as raízes dessas doenças, de modo que possamos enxergar melhor e chegar mais perto de Deus. Quando isso acontece, tudo parece mais belo, a vida se torna fluida e a prosperidade é uma consequência.

E, para você que já alcançou um patamar de sucesso e riqueza, um convite a refletir: como você pode usar a sua influência e os seus recursos para criar um mundo melhor? Quais causas você pode apoiar? Que tipo de legado você quer deixar para as próximas gerações? Lembre-se de que a verdadeira prosperidade não se mede apenas em bens materiais, mas, sim, na capacidade de gerar impacto positivo na vida de outras pessoas.

O passo seguinte aqui é a percepção de que você é apenas um instrumento para que os outros possam também chegar ao lugar onde você está. Levando isso em conta, criar um legado é ter essa visão ampliada e fazer algo em nome de todos nós juntos. E, para entender o que significa juntos, precisamos olhar para dentro. No momento em que todos e cada um de nós estiver trabalhando para criar o próprio legado, a sociedade vai mudar de maneira natural e por completo.

Recentemente, em Buenos Aires, eu estava conduzindo uma imersão para um grupo de pessoas, na qual falamos bastante sobre esse tema. Muitos ali, entre seus 35 a 50 anos, passaram a entender que há um lugar no mundo para eles, porque conseguiram unir aquilo em que são bons com algo útil às pessoas e que faz os seus olhos brilharem ao longo dessa prática. De modo geral, começamos a pensar sobre essa possibilidade nos últimos estágios da vida, mas advogo que precisamos pensar nisso o quanto antes. Quando comecei a imaginar, lá nos meus 30 e poucos anos, o que queria fazer da minha vida para deixar um legado, entendi que ia além de uma profissão. O trabalho vai sempre entrar em tudo que eu falo, porque não é somente sobre produzir, nem sobre vocação: é sobre amor.

Não fomos estimulados a pensar que devemos trabalhar com algo que amamos. Parece até mesmo que isso nunca foi considerado importante. Mas precisamos repensar essa questão, pois o prazer é o que nos move. Para entender isso, é só olhar para trás, para a sua própria vida, e ver como você se moveu para o que o atraía – dos relacionamentos aos estudos, incluindo ainda tarefas e lugares. Quando não consideramos esse ponto, entramos na máquina do sistema e na linha de produção automática, que tenta nos transformar em robôs despersonalizados para seguir a massa. E, quando fazemos isso, deixamos de ser nós mesmos para seguir o que nos foi determinado como a melhor opção.

O trabalho não pode ser considerado algo à parte da vida, como hoje muitos consideram. Alguns dizem: "Eu tenho um trabalho que me permite viver". Mas é o contrário! O ideal seria que dissessem: "Eu vivo e tenho um trabalho que é parte desse viver, por isso é muito bom". Assim, pergunte-se: o que eu amo fazer? A falta de visão sobre o que você realmente ama pode bloquear a expressão da sua individualidade. Há algo que só você sabe fazer. E, ao descobrir isso, a sua vida ganhará outra dimensão.

A minha esposa é uma excelente psicóloga e seus clientes a amam, mas o lugar de amor dela são as artes. Por essa razão, ela está fazendo uma transição de carreira, organizando esses dois mundos para que tudo ande harmoniosamente nessa nova fase da sua jornada. Como já abordamos, muitas vezes você não precisa mudar de carreira ou emprego, desde que ajuste a sua realidade, indo em direção ao seu sonho, ou seja, ao que realmente ama.

A visão de que somos muito mais que matéria também nos ajuda a dar um salto na vida. Quando somos seres expandidos, passamos a influenciar as pessoas e a fazer a diferença. As pessoas nos sentem, ainda que não estejamos no mesmo espaço físico que elas. Ao contar as nossas histórias, viramos exemplos daqueles que se destacaram na massa e conseguiram se expressar de maneira autêntica. Somos os verdadeiros protagonistas.

Por fim, saiba que sua alma é tão grande quanto a de alguém que ocupa um lugar lindo no mundo. Sentir que a sua alma é imensa trará entendimento e realização – e isso só depende de você. Cada um vê Deus como quiser. Eu sinto que Ele é maior, é tudo, é a grande respiração do Universo. Percebo que, enquanto não temos essa consciência, não sabemos para onde vamos, pois essa conexão é tão importante quanto nossa própria respiração. Essa é a verdadeira visão além do alcance!

AO SE CONECTAR, TUDO DÁ CERTO!

Conectar-se a si mesmo é se ligar à força que rege o mundo. Sem essa ligação, você não entende sua utilidade e a necessidade que o meio demanda. Imagine que eu queira inventar um objeto para manter o braço esticado para cima. Mas quem quer andar com o braço esticado para cima? Ninguém! Isso não faz sentido algum. Eu estaria completamente desconectado da necessidade do mundo! Temos de entender que o que queremos fazer precisa ter uma contribuição para as pessoas que estão esperando por isso. E tem algo que o mundo está esperando e foi destinado para você fazer. Porque você não está aqui à toa.

Prosperidade e abundância **67**

Essa é a conexão de que precisamos, que encontramos primeiro dentro de nós, para termos certeza de quem somos. E, uma vez que olhamos para fora, achamos a nossa contrapartida em tudo que está vivo, nos religamos ao Todo. Estamos em comunhão com o mundo e entendemos as suas necessidades e os percalços pelos quais precisaremos passar.

Uma pessoa muito evoluída (que nunca vai precisar ler este livro) não necessita nem ter objetivo. Ela sabe o que precisa fazer a cada dia. Cada dia é o seu dia, no qual o resultado do Universo vai levá-la ao contentamento. Só que estamos muito longe disso, porque temos ainda muitos desejos e queremos alcançá-los.

Para se conectar, é preciso atenção, ou seja, viver no hoje. Algo bem difícil, por isso que o desafio está no dia a dia. Geralmente fazemos o oposto e olhamos para a magnitude dos objetivos finais, porque senão nossa mente não se move (ela precisa olhar para planos e metas no longo prazo). É a tal da cenoura amarrada na frente do cavalo, que faz com que ele corra mais rápido para esse objetivo ilusório.

Só que a vida toda está no agora – e assim ela se torna grandiosa. Eu sou o Todo e o Todo sou eu. E estamos em comunhão. Porque, se a temperatura muda do outro lado do mundo, os efeitos dessa mudança atravessam o oceano e chega aqui uma nova frente fria, que altera tudo e me adoece. Então, todo o movimento de tudo que está no planeta e no Universo – como um asteroide que passa e muda a movimentação dos mares – está interconectado.

Do mesmo modo, a partir do momento em que você vê algo, não tem como desviar o olhar ou fingir que não viu. Aquilo já impactou você de alguma maneira e deixou alguma marca ou uma semente que pode germinar no momento adequado. Assim, quando consegue olhar algo que é muito maior do que você, entende que o conhecimento vai ser sempre maior do que o conhecedor, mas também que o conhecimento liberta o conhecedor. Não tem mais como escapar nesse caso. E talvez você comece a perceber que está se sentindo um pouco diferente e vivendo com mais harmonia.

Quando passamos a nos conectar com algo maior, as coisas começam a dar certo. Por quê? Primeiro, porque começamos a negar o que não faz sentido para nós e lutamos com todas as forças para conquistar o que faz sentido. Segundo, porque nos predispomos a encontrar a solução. É como se eu falasse assim: "Olha, no fim do arco-íris tem um pote de ouro". Você nunca havia pensado nisso, mas agora vai em busca do arco-íris. Ainda que passe por inúmeros obstáculos, terrenos tortuosos, animais selvagens, você vai tentar dar um jeito de ultrapassá-los. Como agora sabe o que há no fim do arco-íris, não vai descansar até chegar lá.

Conectar-se é o que faz com que as pessoas realmente virem a chave e comecem a trabalhar de um jeito diferente. Assim que isso passa a fazer sentido para elas, tem início a mudança. Porque as circunstâncias são iguais, as adversidades são iguais, mas elas se fortaleceram. O que mudou foram elas mesmas.

EU MEREÇO

Muitas religiões nos ensinam que o merecimento acontece de fora para dentro. É como se seus pais, o Papai Noel ou Deus fossem analisar sua trajetória para saber se você merece ou não aquela bicicleta no Natal! Como se o mundo fosse julgar se você merece ou não aquilo com que você sonha. Mas saiba que não é assim que acontece! O merecimento nasce dentro de cada um de nós, de acordo com nosso próprio julgamento. E essa régua é personalizada, pois somente você poderá aumentar esse merecimento, se assim decidir.

Vejo muitas pessoas se abnegando, abrindo mão de seus desejos e necessidades por acreditarem que precisam se sujeitar a condições externas, sendo que são elas que se colocam onde querem estar. Por isso, caso você não se sinta merecedor, há como aumentar essa percepção com trabalho e dedicação ao que de fato importa. Logo, é você que tem que dizer se merece algo melhor (ou não) e precisa reconhecer essa condição, ampliando a visão sobre si mesmo. Diga a si mesmo: *"Sim, eu mereço, porque estou aqui trabalhando, me empenhando, progredindo dia a dia, me superando a cada ponto, me esforçando a cada passo. Então, eu mereço tudo o que espero desta vida!".*

Há um outro aspecto no merecimento que pode estar acontecendo com você, como ocorreu comigo: talvez não se dê o devido crédito, pois não percebe o que já conquistou. Uma vez, me disseram: "Filho, você está aqui, neste momento. Olhe para trás, para entender o que está acontecendo! O que mudou mostra o quanto você merece!". Digo a mesma coisa para você. Olhe para toda a sua trajetória e observe tudo que já construiu. E perceba como você está diferente do seu eu do passado. Você venceu em muitos pontos, conquistou muitas coisas! Talvez falte algo, mas você está aqui, a caminho da solução que tanto busca!

O seu lugar no mundo, aquele em que você é capaz de criar um legado, deverá ser construído pedra por pedra, do seu jeito, com os seus talentos, que pertencem somente a você. O merecimento se origina desse lugar de se sentir grande e eterno, pleno da maneira que é hoje. Assim, um dia você chegará a pensar: *Se sou tão grande e infinito, posso muito mais do que imagino, e, portanto, mereço, sim, e vou trabalhar para conseguir o que sonho!* Valorize a sua história! Honre tudo que aconteceu até aqui, para você ser o que é!

E você, que já alcançou um patamar de sucesso e riqueza, lembre-se de que o merecimento não é um direito adquirido, mas uma conquista diária. Use a sua influência e os seus recursos para inspirar outras pessoas a acreditarem no próprio potencial e a trilharem os próprios caminhos de sucesso. Seja um exemplo de que é possível gerar riqueza e impacto positivo na sociedade, construindo um legado que transcenda o tempo e o espaço.

Vamos aprofundar mais o merecimento no próximo capítulo, ao tratarmos das camadas que envolvem a sua expressão de ser.

POLARIDADE EM EQUILÍBRIO

Na hora em que você desperta, entende a necessidade de algumas coisas na sua vida e começa a olhar para essa polaridade. Isso vai mudar completamente as suas escolhas. Sabe quando alguém lava o carro toda semana e o abastece com a melhor gasolina, mas "alimenta" o seu próprio corpo com batatinha frita multiprocessada, refrigerantes com componentes estranhos e sobremesas repletas de açúcar e corantes artificiais? Percebo que as pessoas não enxergam essa dicotomia dos polos e nem se dão conta do que estão fazendo.

Para ajustar a polaridade é preciso conhecimento, que deve estar integrado a você. Tenho certeza de que você já sabe o que é bom e o que é ruim. Já entendeu de que um donut não é tão saudável quanto uma banana, que se movimentar é melhor do que ficar parado. E o esforço será o mesmo, só que agora você poderá se ajustar ao lado mais favorável.

Por que o conhecimento salva? Porque ele dá opções e discernimento. Você decide mudar as coisas porque agora faz sentido. Mas o poder da escolha é seu. E o conhecimento, além de ser maior que o conhecedor, como você já sabe, está disponível para todo mundo.

A partir do momento em que você assimila essa verdade, é importante que influencie outras pessoas para que elas também ampliem o seu entendimento e alcancem a prosperidade. Mudar individualmente é um grande passo. Não deve ser o único, porém. Considere também o coletivo e trabalhe para que todos consigam galgar mais um degrau na evolução. Não deixemos ninguém para trás!

É essencial que sintamos, dentro do coração, a verdade de que fomos criados à "imagem e semelhança" de Deus. Esse é um caminho para o reconhecimento desse Deus, que você e eu somos e que nos conecta, como células de um mesmo organismo. Cristo nos mostrou que, para estabelecermos essa semelhança, ainda precisamos do mestre que vem e ensina, para que isso fique claro dentro de nós. Ainda não nos vemos como pequenos deuses que podem tudo, mas naquela era de ouro de que falei antes, todos serão como Cristo, em escala global.

Cristo tinha o entendimento de que, evolutivamente, ainda somos como crianças que não sabem o que fazem e agem de maneira impulsiva, pois ainda brigamos por uma bala, por um carro, por dinheiro. Na sua sabedoria, ao reconhecer a nossa condição, Ele estava anos luz à frente quando falou sobre "dar a outra face".

O microcosmo é o reflexo do macrocosmo. Então, tudo que está dentro, também está fora de nós. Esse fora de nós é só um reflexo do que somos. Veja: abundância não é uma mala cheia de dinheiro. Dinheiro é uma consequência de uma vida abundante, que começa no seu coração.

Minha vida foi totalmente transformada quando encontrei uma maneira de acessar essa Frequência da Alma e de viver com abundância e prazer, equilibrando corpo, mente e alma, bem como órgãos do sentido. Tal conceito vem de um texto antigo da Índia, da medicina ayurvédica, que remonta há cinco mil anos. Na verdade, o conhecimento da ayurveda é mais antigo ainda, uma vez que começou antes dos primeiros escritos, que eram ensinados oralmente.

A partir do próximo capítulo, vou compartilhar um método prático, no qual apresento o passo a passo para uma vida abundante, uma vida com alma, aprendendo a encarar os desafios como parte da jornada, e usufruindo de cada conquista. Acredite no melhor!

5.
Passo 1 - Descascando as camadas

Você pode achar que os seus problemas são financeiros, que sofre com medo de mudanças, que tem o "dedo podre" e por isso não consegue um bom relacionamento. Ou, ainda, que não tem força para agir, logo, procrastina e se autossabota. No fundo, porém, esses são apenas sintomas. A raiz dos problemas está em uma camada mais profunda – e isso que trava a sua vida e impede que você alcance um novo patamar. Para chegar a essa origem das suas dores, é preciso ir descascando/quebrando as camadas a fim de acessar a sua Frequência da Alma.

Para a filosofia védica, o corpo mental e o corpo físico são apenas uma densificação da alma (também chamada de Atma).[16] Tudo sai da alma. Costumo explicar essa questão com uma metáfora: a alma está para o corpo como o barro está para o vaso de barro. Se você tirar o barro do vaso de barro, não haverá vaso, ele não tem como existir. Se você tirar a alma, a pessoa morrerá, desaparecerá, não terá mais essa existência que tem agora. Dessa forma, a alma é a causa primeira da nossa existência.

Neste capítulo, o passo número 1 do método Frequência da Alma, vamos descobrir o que são e como funcionam essas camadas que ocultam a sua alma, para identificar o que realmente está acontecendo com você.

---

16 HERMÓGENES, J. **Saúde plena**: Yogaterapia. Rio de Janeiro: Nova Era, 2011.

O QUE SÃO AS CAMADAS?

Uma camada é uma limitação para a sua verdadeira expressão. Ela impede que você acesse a sua maior essência e entenda qual é o seu posicionamento no mundo. Inclui também todas as considerações que já criou na vida, que bloqueiam a sua visão sobre o seu maior potencial, ou seja, a sua melhor versão.

As camadas são criadas a partir das experiências de vida e existem porque nós precisamos aprender e evoluir, então é natural que ocorram incidentes e fraturas no nosso caminhar. Só que a camada bloqueia o aprendizado, porque acabamos agindo pela dor e deixamos de acessar a nossa alma.

É como se você enxergasse embaçado. Imagina que você entra em uma sala e no centro dela existe uma enorme esmeralda, que está oculta por uma infinidade de véus. Mesmo assim, você avança, retira os véus, alcança a pedra preciosa e admira a sua beleza. Outra pessoa entra na mesma sala e volta contando que só havia um monte de panos. Veja, é a mesma realidade, mas nem todos conseguem visualizar, porque esses véus, que são as camadas, não nos permitem acessar o nosso maior tesouro, que é a alma, onde moram todas as perguntas e respostas.

O bloqueio causado pelas camadas prende você em um labirinto e não permite que enxergue quem realmente é. Interessante perceber que as pessoas veem apenas a sua casca, com a qual você age no mundo. Porém, a partir do momento em que você vai retirando os véus que encobrem a sua visão, chegará mais perto da sua verdadeira identidade, da fonte, da energia essencial. Quando consegue realmente se expressar, a vida flui e você vê que já tem tudo, incluindo a solução para todos os seus problemas.

Diferentemente do que se possa imaginar, as camadas não dificultam que você veja o mundo lá fora, mas elas impedem que você saia de dentro de si próprio. E o que está por trás disso? O trauma é a grande raiz de tudo, o problema real, a origem. Todas essas camadas aparecem, na verdade, como penduricalhos do trauma, adornos que ficam conectados tal qual um móbile. Na minha atuação terapêutica, lido muito com esse emaranhado de emoções e sentimentos, tanto que costumo dizer que sou especialista em trauma, que trabalho na sua base.

Trauma não é só uma situação que causou dor (e que está oculta por uma camada), pode ser também uma ocorrência que nem é sua, que talvez esteja relacionada com seus parentes ou com outras pessoas, pois estamos todos conectados de alguma maneira. Trauma é algo diferente para cada um. Uma situação que pode parecer simples e insignificante para uma pessoa, pode ser muito dolorosa para outra. Por exemplo, uma criança pequena que, ao ser retirada do banho, se joga no colchão, por pirraça, pode registrar essa cena por outra ótica e sentir que sofreu alguma violência. Não dá para saber o que podemos considerar um grande trauma (como nosso cérebro vai ordenar imagens e emoções), além do mais, a criança não consegue interpretar tudo da maneira como realmente aconteceu.

Há vários traumas que podem se formar a partir de cenas cotidianas e não traumáticas de fato. De qualquer maneira, há que se investigar cada camada e trazer tais cenas para a consciência, a fim de dissolvê-las, porque, de um modo ou de outro, houve uma percepção de trauma que precisa ser resolvida.

O meu enteado é supercomunicativo, mas ainda não fala direito. Apesar de ter apenas 1 ano e 9 meses, ele já sabe tocar bateria e violão, do jeito dele. Quando não consegue comunicar o que quer, fica bravo. Mesmo assim, resolve o que precisa. Ele vai aprender, mas por enquanto não se esforça tanto para elaborar as palavras. Vejo que ele se acomoda, exatamente por conseguir as coisas. Percebo, no entanto, que o esforço da linguagem está presente, pois ele já entende tudo.

Um dia desses, fui servir seu prato de uma panela em um fogão a lenha, no qual ele encostou o pé. Como sentiu que queimou, virou para o rapaz que estava trabalhando ali e reclamou, mas não dava para entender nada do que ele falava. O moço começou a rir, deixando o meu enteado furioso. Mesmo assim, ele não se esforçou para falar porque ainda se beneficia dessa situação, ao receber o carinho da mãe e do padrasto que cuidam dele. O trauma é exatamente assim: alguém vai segurá-lo no colo. Existem benefícios que nos mantêm no trauma, talvez pelo comodismo de evitar o salto necessário ao crescimento.

IDENTIFICANDO AS CAMADAS

Somos muito complexos. As cenas da memória vão se entrelaçando e se conectando com cenas da vida de outras pessoas. Estamos intrinsecamente conectados em rede com todas as pessoas que vivem no mundo e todas aquelas que já viveram. E isso faz com que possamos absorver as experiências de outras pessoas, inclusive. Não há limites, porque é possível captar uma experiência de alguém que viveu no Egito ou na Índia, caso consigamos nos ligar de alguma maneira com essa pessoa, seja pelo DNA ou, para os que acreditam, pela existência ou experiência vividas nesses lugares em outra encarnação.

Alguns dos meus pacientes e mentorados contam que resolveram décadas de questões complexas em uma vivência terapêutica porque conseguiram visualizar a origem das suas dores ao reconhecer camadas de acontecimentos ocultos no seu subconsciente. É como se houvesse uma expansão dos sentidos. E, nesses encontros, ocorrem situações muitas vezes inexplicáveis, como uma paciente que começou a falar um idioma que não sabia. Simplesmente, ela se viu em uma cena, falando francês com fluência e entendendo o princípio do problema que enfrentava na época. Veja, não estou sugerindo que você acredite em vidas passadas, mas preciso lhe contar que, às vezes, acessamos situações que escapam do senso comum.

As camadas podem ser identificadas em inúmeras situações, e é fácil percebê-las nos seus pensamentos e nas frases expressas aqui e ali. Sabe quando você fala sentenças do tipo: "Toda vez que ganho dinheiro, acontece algo e perco tudo"; "Só gente desonesta é rica"; "Dinheiro é sujo"; "Cuidar de si mesmo é egoísmo"; "Vida abundante não existe"; "Envelhecer é sofrer"; "O sofrimento ajuda a crescer"; "Mudar dói demais"; "Abundância e riqueza não são pra mim"; "Não mereço mais do que isso"? Enquanto o seu coração vibrar nessa frequência, será essa a vida que você terá.

Podemos separar as camadas em quatro categorias, para melhor reconhecê-las:

1. **Camadas da vivência atual:** criadas desde a gestação até o tempo presente, completamente esquecidas pela consciência e representadas por traumas e frases aprendidas com os pais ou adultos com quem convivemos na infância. Basicamente, quando falo dessas camadas da nossa vivência, refiro-me às situações traumáticas que foram sendo coletadas ao longo da vida. Pode ser uma lembrança de um constrangimento pelo qual passamos na escola, de uma surra que levamos, de algo que parecia simples, mas foi doloroso para a criança que éramos, entre outras situações que marcaram a nossa trajetória, como um assalto, um acidente, ou o falecimento de alguém. Outras camadas podem ser criadas pelo exemplo dos adultos à nossa volta. Por exemplo, não houve nada na sua vida

Passo 1 - Descascando as camadas   **79**

que mostrasse que o "dinheiro é sujo", mas você ouviu isso de familiares, então a frase tornou-se uma crença dentro de você e hoje dificulta sua estabilidade financeira.

Diversas situações podem estar presentes nas camadas da vivência atual, como uma criança que se culpa pela separação dos pais, o que é muito comum. Eu vivi isso, pois achava que atrapalhava a vida da minha mãe depois de o meu pai ter ido embora. Ela precisava dar conta de tudo sozinha, e eu sabia que esse "tudo" era eu. Por isso, eu me culpava por existir e ser um fardo. Esse exemplo também se encaixa nas camadas sistêmicas, pois nesse caso eu estava herdando algo que era da minha mãe, uma limitação que pertencia a ela.

2. **Camadas sistêmicas:** vêm de geração em geração e não foram sofridas por nós diretamente, mas pelos nossos antepassados. Esses traumas foram tão fortes que herdamos essa dor, como se estivéssemos honrando os nossos pais, avós e bisavós ao vivenciá-los. Por exemplo, os meus ancestrais tiveram de trabalhar muito e conseguiram pouco dinheiro, então, para honrá-los, trago isso para a minha vida e vivencio o mesmo: trabalho bastante e ganho pouco.

   Usos e costumes aprendidos também estão nessa categoria, como comportamentos e crenças que fizeram parte da vida dos nossos pais e avós: "A vida é sofrimento", "Só corrupto tem dinheiro", "Pobre não tem vez". Isso é muito comum e geralmente inconsciente. O testemunho do Dionatan (no Capítulo 2) mostra como essas camadas sistêmicas podem atuar até mesmo na continuidade de uma enfermidade familiar.

Nas camadas sistêmicas, podem atuar, ainda, inúmeros aspectos difíceis de serem compreendidos em um primeiro momento. É importante entender que fazemos parte de uma longa linhagem de homens e mulheres, desde o início dos tempos. Imagine como eram as relações humanas no passado, no começo do que chamamos civilização. Somos resultado de uniões de raças (muitas vezes por relações forçadas e não permitidas), incluindo indígenas, negros, colonizadores e colonizados, escravizados, senhores de engenho e fugitivos de guerras, entre outros, assim como de histórias de dores, privações, impossibilidade de escolher livremente o cônjuge e negação da liberdade de expressão.

3. **Camadas cármicas:** frequentemente surgem na minha prática clínica. Uma pessoa acessa um momento em uma época muito distante e se identifica nessa época como vivente das cenas que ela resgata. Chamo de cármicas por compreender que não estamos falando de vivências desta vida. Pode ser que você não acredite em reencarnação, e meu objetivo não é forçar crença alguma, mas é inegável que esse fenômeno acontece durante as minhas sessões, de maneira inexplicável. Muitas vezes, o paciente relata estar vendo algo acontecido há mais de dois séculos, por exemplo, com memória vívida do espaço, das vestimentas, das pessoas no seu entorno e da situação que gerou o trauma.

4. **Camadas externas:** são as camadas que você não consegue encontrar na sua linhagem sistêmica, dores que não consegue relacionar a nenhum trauma, mas que o fazem estagnar.

Passo 1 - Descascando as camadas

Essas camadas são criadas por vozes institucionais, por verdades estipuladas por outras pessoas, mas que condicionam a sua vida. Podem ser simbolizadas por este exemplo: "Fiz dinheiro e me tornei uma pessoa suja por causa disso", mostrando que a dor vem de uma crença pré-estipulada pela sociedade ou por um grupo étnico-cultural com o qual você se identifica. Essas vozes externas acabam moldando a sua forma de agir no mundo, colocam limites e o proíbem de alcançar resultados memoráveis. Isso cristaliza conceitos, gera dor e se torna uma camada difícil de dissolver.

E, para você que já alcançou um patamar de sucesso e riqueza, reflita: quais crenças limitantes ainda carrega consigo? Quais vozes externas ainda o impedem de alcançar seu pleno potencial? Lembre-se de que a verdadeira liberdade reside na capacidade de questionar e transcender essas limitações, criando a sua própria realidade e inspirando outras pessoas a fazerem o mesmo.

NÃO MERECIMENTO

O trauma gera medo, que cria a noção de não merecimento. Esse não merecimento também é um penduricalho, um acessório do trauma, que pode ter sido herdado da família ou ter acontecido com você. Também pode ser ainda alguma questão cármica que faz com que você tenha a certeza de que não merece, quando entra na malha do trauma e do drama. Por quê? Porque o trauma o segura e o drama se ativa.

O que é o drama, afinal? É quando você se vê preso a uma malha de desculpas, criadas para suportar o lugar em que já está e para não se mover em direção ao que quer. Essas justificativas formam uma espécie de blindagem na sua mente, que tenta encontrar

82   Prosperidade inesgotável

uma explicação para dizer que você não merece. Por achar que não merece, essas desculpas se ativam, fazendo com que você se sinta mais confortável de não estar conseguindo realizar as coisas. Sabe quando você fala assim: "Ah, isso é só para quem tem conexão, para quem é muito especial", "Fulano tem um avô rico, e eu não tenho!" ou "Na minha vida só acontece coisa ruim!"? E como reverter essa força de não merecimento? Novamente, a saída é buscar essa camada, localizar o trauma original e dissolvê-lo.

Uma vez que entendo que mereço, essas desculpas perdem força e não conseguem mais blindar nada. Então, resta apenas um caminho, o do agir. Quando ativo o merecimento, automaticamente ativo a ação em busca do objeto. Porque eu não tenho mais desculpas que me protejam.

Costumo falar para as pessoas que atendo: "Você está entrando no trauma e no drama". Ou seja, o seu trauma está trazendo um drama e você está criando uma novela com isso. Repito, essas desculpas todas se apagam quando entendemos o merecimento. A partir daí, talvez você passe a dizer "eu mereço isso, sim!" e parta para a ação.

Muitas vezes vivenciamos situações em que nos colocamos como crianças birrentas e mimadas que se jogam no chão para chamar a atenção dos pais ou para ganhar algo que nos foi negado. Olhe-se mais de perto e perceba qual seria o seu caso. É fundamental ir tirando os véus da inconsciência para que os nós existenciais sejam desatados um a um.

POR QUE É IMPORTANTE RECONHECER AS CAMADAS?

Enquanto não identifica e dissolve suas camadas, você talvez resolva seus problemas de maneira muito limitada, apenas sob a perspectiva que essas camadas permitem. Você não enxerga o todo, não consegue ver a real solução de alguma adversidade, além de ter dificuldade de saber o que realmente quer e o que importa de verdade.

Ao dissolver essas camadas, é como se você tirasse um véu que tapava sua visão e o impedia de olhar a paisagem. Antes, a paisagem era embaçada ou até inexistente, mas agora a imagem está perfeita, clara, e você pode vê-la de maneira mais ampla, com uma perspectiva distinta. É como se o problema antes tivesse uma caixa limitada de soluções, mas agora passa a ter infinitas saídas, tornando-se mais fácil de resolver.

É interessante perceber que as camadas não são apenas negativas, pois elas fazem parte dos processos da vida. São marcas da existência de cada ser que está em evolução, e por isso compõem nosso aprendizado e nossa história.

Eu me lembro de quando estava aprendendo a tocar violão, na infância. Os exercícios faziam os meus dedos doerem, até que eles começaram a criar uma calosidade. Os dedos se tornaram, então, mais resistentes ao movimento e, com o tempo, ficou mais fácil tocar o instrumento. A calosidade, como se fosse uma camada criada pela dor, virou uma marca no meu processo de aprendizado. Isso ocorre também com as camadas, que podem não ser dissolvidas, mas que podem ser ressignificadas: a lembrança continua, mas a dor desaparece. Em casos de violência psicológica, sexual ou outro trauma grave, o sofrimento não vai deixar de existir, mas a maneira como a pessoa vai lidar com a situação pode mudar completamente, sem ser um impeditivo para uma vida plena.

O caminho para identificar as camadas pode ser resumido em três passos:

1. Revise os maiores traumas da sua vida. Sente-se e faça uma reflexão profunda a respeito de todas as vezes que você sentiu

dor emocional, se sentiu mal, chorou, foi coagido ou viu que não podia fazer alguma coisa.

2. Pense nas pessoas que falavam que você não podia, não conseguiria, não era capaz.

3. Recorde os traumas da sua família. Todas as vezes que não conseguiu algo ou teve dificuldade de alcançar um lugar melhor.

Algumas perguntas podem guiá-lo melhor nessa fase de identificação das camadas:

a) *Qual é o ponto em que me sinto bloqueado?* Exemplos: dificuldade financeira, relacionamentos, saúde comprometida, depressão, ansiedade, infelicidade ou a sensação de não estar cumprindo o que você nasceu para viver. Sugiro que tenha um caderno para registrar as percepções que aparecerem, porque, ao anotá-las, elas ganham outra dimensão (parece que são exteriorizadas de alguma maneira). O seu cérebro vai entender que é importante recordá-las.

b) *Como me sinto vivendo esse problema?* Talvez você se sinta frustrado, descontente, sem esperança. Perceba que esses sentimentos não são a razão do problema que você quer resolver, mas, sim, a causa que está por trás dele.

A partir daqui, vamos procurar a raiz do problema, voltando às cenas que apareceram na sua mente. O segredo está em encontrar as vivências daquela emoção original, que foi trazida como possível origem da dor. Lá estará a chave para dissolver as camadas. O exercício a seguir nos ajudará na prática dessa busca.

Passo 1 - Descascando as camadas **85**

EXERCÍCIO – ACESSANDO AS CAMADAS

Trabalho a quebra de camadas com exercícios de mentalização e visualização em estado profundo, a partir de roteiros guiados em que a pessoa visualiza a raiz dos seus traumas e medos. Uma vez consciente desses traumas e medos, ela estará pronta para mergulhar e dissolver essas cenas do passado que a mantiveram presa aos seus sintomas, sem progredir na vida. Em seguida, minha proposta é acolher a si mesmo na cena traumática, para que possa seguir em frente.

Convido você a escanear o QR code e acessar o exercício a seguir para reconhecer as camadas que possam estar bloqueando o seu caminho de vida.

Após a prática deste exercício, sugiro que coloque atenção nos seus sonhos e os anote. Sempre que reconhecer algum sonho angustiante e repetitivo, pergunte-se: "Será que esse sonho quer me contar algo, sinalizar alguma cena do meu passado, algo que precisa ser curado?". Observe-se mais de perto, analise os seus pensamentos, as suas ações e tudo o que você fala (especialmente frases que saem inconscientemente e sem filtros). Tenha mais atenção sobre si mesmo, pois o seu subconsciente pode estar tentando sinalizar algo que você não está percebendo.

A FÁBULA DOS DOIS MONGES

Certa vez, ouvi uma fábula que mostra algo sobre a dinâmica das camadas que persistem em se manter vivas:

Estava previsto um tsunami nos arredores do mosteiro, que seria fatalmente atingido. Todos os monges começaram a sair e restaram apenas o mestre e um dos seus discípulos, que seriam responsáveis por fechar a instituição.

O nível dos rios havia começado a subir e já estava muito difícil para atravessar. Teriam que agir rapidamente. Ao se virar, perceberam uma mulher à beira do rio, que tentava chegar à outra margem, mas não tinha mais força para fazê-lo sozinha. Só que esses monges eram celibatários e não podiam ter contato com mulheres.

O mestre, então, colocou-a nas costas e atravessou. Deixou a senhora do outro lado e depois continuou andando. O discípulo ficou abismado. 5 quilômetros depois, ele perguntou ao mestre: "Mas por que o senhor carregou aquela mulher?". E o mestre respondeu: "Porque ela precisava". E novamente o aprendiz questionou: "Mas somos celibatários e não podemos ter contato com mulheres". E o mestre seguiu em frente.

Passaram-se 10 quilômetros, 15 quilômetros, 50 quilômetros e o discípulo continuava reclamando. Em determinado momento, o mestre voltou-se para ele e disse: "Veja só, carreguei aquela mulher por alguns minutos, mas você ainda a está carregando".

Os problemas são como essa mulher que o monge carregou. Houve um início e é essa origem que está provocando reações a todas as suas respostas. Então, quando peço para a pessoa buscar o sentimento e acessar as cenas nas quais teve aquele sentimento, lá atrás, ela encontra a causa, a origem das suas dores.

Ao acessar e dissolver as camadas que impedem a sua visão sobre o caminho a seguir e depois se acolher nesse reconhecimento, será possível passar para a próxima etapa do método Frequência da Alma, que é encontrar a sua missão de vida, a razão da sua existência. Foco!

6.
Passo 2 – Encontre a sua missão de vida

Uma vez diluídos os traumas e as crenças e derrubadas as camadas, uma sintonia comum começará a vibrar entre você e o Universo. Sentindo-se mais livre, sem ser dominado pelo medo e pelas crenças, você é orientado a encontrar a sua missão de vida (ou seja, o seu propósito de alma). Essa descoberta trará a leveza de seguir os seus sonhos, o seu caminho de vida.

O mitólogo e escritor Joseph Campbell nos mostra que todos passamos pelas mesmas provações, desafios e vitórias, como heróis da nossa própria jornada, e este é o meu convite para você, por meio desta obra.[17] A mecânica da missão de vida se conecta com a jornada do herói porque propõe que cada um seja protagonista da sua própria existência, algo muito importante. Quando passa para o banco do motorista é você quem faz o caminho, torna-se o herói da sua vida e conta a sua história com entusiasmo, porque reconheceu o seu legado e o que veio fazer no mundo. Que tal percorrer melhor esse universo da missão de vida neste passo 2 do método Frequência da Alma? Vamos lá!

SER PROTAGONISTA

Ser protagonista da própria história é uma das facetas que abordo no meu doutorado em narrativa, porque percebi que é comum as pessoas se colocarem como meros coadjuvantes, sendo que o papel

---

17 CAMPBELL, J. **O herói de mil faces**. São Paulo: Palas Athena, 2024.

principal é transferido para aqueles que admiram e até imitam. Ouvimos relatarem as histórias dos amigos, do chefe, das celebridades, deixando as próprias narrativas para trás.

Na vida, passaremos por todos os arquétipos e desempenharemos o papel de mentor, vilão, herói. Até que chegará o momento em que finalmente nos veremos como protagonistas. Se até o Coringa desempenhou o papel principal em um filme de sucesso, depois de ser coadjuvante de Batman e Robin por décadas, é porque ele também tinha uma história que precisava ser contada.

Quando se assume o protagonismo, a jornada passa a ser um legado. Há uma narrativa a ser preservada, com todas as suas especificidades, os seus dramas, adversidades e soluções, que servirá de exemplo (positivo ou negativo) para os outros. E é importante lembrar: toda vez que assume o protagonismo, você se arrisca.

Se alguém tentou sair da pobreza, conquistou espaços, iluminou mentes, mas morreu pobre, mesmo assim essa pessoa deixou um legado, que foi o movimento que promoveu e a sua força de transformação. Talvez, a época em que tenha vivido e as circunstâncias da sua realidade não lhe permitissem ir além, mas, ainda assim, ela inspirou outras pessoas. Quando Malcolm X morreu, ainda existia o racismo. Do mesmo modo, quando Nelson Mandela morreu, o reflexo do apartheid, sistema de segregação racial na África do Sul, persistia. No entanto, ambos deixaram marcas profundas na humanidade, e o exemplo deles será sempre lembrado, principalmente porque deixaram sementes que continuam germinando. Na sua vida, não necessariamente você atingirá o lugar que deseja, mas com certeza percorrerá um caminho e deixará um legado que será único e singular.

O tempo todo são disponibilizados sinais dos caminhos que podemos seguir. Precisamos agarrar essas oportunidades, mesmo que tenhamos muito medo do que vai acontecer, medo de errar, de não fazer o nosso melhor ou qualquer outra desculpa que criemos. Essas são justificativas para não SER – e é essencial reconhecer isso para seguir em frente e vencer as adversidades. Afinal, as desculpas sempre aparecerão, porque é natural que seja assim.

Outro dia, a minha esposa, que como falei está em transição de carreira, recebeu um convite para tocar em uma rádio no YouTube. Foi de repente, não tinha muito tempo para pensar nem para se preparar. Ela me perguntou: "O que eu vou tocar?". E respondi: "Não interessa. Vai lá e toca!". Todo sonho começa com o primeiro passo, e você precisa estar pronto para arriscar. Pois, quando começa a trilhar seu próprio caminho, é como se o caminho fosse sendo construído em cada passo, por causa do movimento de ir em frente. Talvez o resultado do passo 1 seja o passo 2, e o do passo 2 seja o 3, e assim por diante: um resultado da força de se mover com a intenção de cumprir a sua função única neste universo.

Mandela foi protagonista da própria história, mesmo preso por 27 anos. Fechado em um quadrilátero onde não conseguia ficar de pé, de lá se movimentou contra o apartheid e promoveu transformações no mundo. Então, é possível seguir a sua missão de vida mesmo em condições limitantes e desafiadoras.

E você, que já alcançou um patamar de sucesso e riqueza, reflita: como pode usar sua influência e seus recursos para se tornar um protagonista ainda maior da própria história e da história do mundo? Quais causas você pode abraçar? Que tipo de legado você quer deixar para as próximas gerações? Lembre-se de que a verdadeira riqueza reside na capacidade de transformar o mundo ao seu redor e inspirar outras pessoas a fazerem o mesmo.

CAMINHO DA MISSÃO DE VIDA

Segundo a filosofia védica, vivemos para alcançar os Purusharthas, isto é, os objetivos. São eles: Dharma, Artha, Kama e Moksha.[18]

O Dharma, que vamos examinar de perto agora, é o caminho da alma, que se manifesta como a sua missão de vida. Por meio dessa missão, encontramos todo o nosso potencial para agir no mundo, entendendo a dimensão de quem somos. Se estamos nesse lugar (na nossa missão de vida), automaticamente Artha acontece, que são os benefícios de estar no caminho. Se Artha acontece, Kama vai ocorrer, porque passamos a usar o fluido desses benefícios. No final da trajetória, no dia em que morrermos fisicamente, nos uniremos ao Todo (Moksha) e deixaremos um legado individual.

Por estar no caminho, imediatamente o iluminamos para as outras pessoas e as auxiliamos para que tenham a consciência de que também conseguirão seguir os seus caminhos. Mesmo que tais caminhos sejam apenas parecidos (com os mesmos princípios), e não idênticos ao nosso.

E por que é importante encontrar a sua missão de vida? Porque sem a missão de vida, o propósito de alma, você fica em suspenso, esperando que a maré o leve para onde ela quiser, até que chegue o momento em que você para, observa e se pergunta: "Que vida é essa, na qual não tenho controle sobre a direção em que ela vai, na qual minhas vontades não são satisfeitas e sou infeliz?".

Ao encontrar a sua missão de vida, você vai poder ser feliz e conseguirá saber para que serve neste mundo, qual é a sua real utilidade. Ele é o único caminho que o levará à expansão, que o fará reconhecer e entender onde é o seu lugar. Sendo assim, o propósito

---

18 MORGANA, N. Dharma, Artha, Kama e Moksha. **Nathalia Morgana Yoga**, 18 out. 2023. Disponível em: https://www.nathaliamorgana.com/post/dharma-artha-kama-e-moksha. Acesso em: 6 maio 2025.

da alma está conectado ao que você faz no seu dia a dia. Mas a missão de vida não tem a ver apenas com o trabalho que você exerce. Na verdade, é o caminho que a sua alma anseia, no qual você se reconhece pleno – e nele, além do trabalho, existem amigos, família, necessidades de aprendizado, tudo.

Quando fazemos coisas que odiamos, não temos tempo para pensar no que é realmente importante para o nosso crescimento. Nesse momento, a missão de vida se desencontra da ideia de propósito, e então temos dificuldade em unir prazer e utilidade. No entanto, o contrário também é possível, claro. Sendo assim, nessa ideia de ter prazer de viver, proponho que você faça as seguintes perguntas a si mesmo:

- Quais são as pessoas que quero servir com o meu trabalho?
- Qual o meu desejo para um mundo melhor?
- O que eu sou bom em fazer?
- Qual atividade me daria remuneração com felicidade por estar fazendo?
- Qual é o resultado social que pode existir com o que eu gosto de fazer?
- Onde e com quem seria o melhor lugar para executar o que quero e viver feliz?

A missão de vida está dentro desse emaranhado de aspectos que precisamos ordenar para fazer cumprir nosso propósito de alma. Como estamos em uma sociedade que se move pela ação do trabalho, o ponto principal é se perguntar: "Como eu vou deixar o meu legado na Terra?". Não importa qual seja esse trabalho. Mesmo que o seu legado seja influenciado por pessoas ao seu redor, como o seu cônjuge e seu filho(a), tudo bem, você precisa encontrá-lo.

No processo terapêutico, identifiquei que o maior vilão de uma vida linda e feliz é o trabalho. Especialmente aquele que não queremos fazer. Penso que isso sempre tenha acontecido com a humanidade.

Passo 2 – Encontre a sua missão de vida **93**

Antigamente, era muito comum as pessoas seguirem a profissão dos pais. O filho de ferreiro virava ferreiro, a filha da costureira seria costureira. Ainda hoje é comum ver que essa situação se repete, quando os pais esperam que os filhos continuem seus ofícios e conduzam os negócios da família. Ou ainda que sigam as carreiras mais "adequadas", por status ou rendimento (mesmo que isso custe a felicidade deles).

Só que, quando nos reconhecemos no trabalho, parece que a vida inteira muda. Primeiro, temos o resultado financeiro e, depois, alcançamos a satisfação pelo que estamos fazendo. Por isso, também coloco o trabalho como um aspecto essencial do sucesso da vida.

Agora você já dissolveu boa parte dos seus traumas e está livre para se expressar integralmente. Mesmo que ainda existam alguns a serem extinguidos, já reconheceu que pode ocupar seu lugar, aquela cadeira que está reservada exclusivamente para a sua expressão individual. Sendo assim, qual cadeira você quer ocupar? Para encontrar essa resposta, vale se fazer algumas perguntas: Quero ser professor universitário? Quero ser terapeuta? Quero ser escritor? Quero...? E, assim, você vai encontrar o que ama, aquilo em que é bom, perceber o que o mundo necessita e o que você pode ser pago para fazer. Dentro dessa reflexão, encontrará ainda a sua razão de vida. Dessa maneira, você conciliará seu legado à abundância, à autossuficiência e a uma fonte de renda, ao mesmo tempo em que transcende e evolui. Se o seu eu é eterno, o que ele vai fazer neste Universo?

EXERCÍCIO – ENCONTRE A SUA MISSÃO DE VIDA

Na filosofia védica, a estrela de seis pontas representa os dois polos do Universo. Se você reparar, essa estrela é formada por dois triângulos idênticos, que muitos interpretam como feminino e masculino. Utilizo essa figura para desenhar o Gráfico da Missão de Vida, inserido a seguir, a fim de facilitar a escolha do propósito de alma. A missão de alma está na interseção (o ponto central do gráfico) ligando as seis perguntas fundamentais que guiam a sua vida:

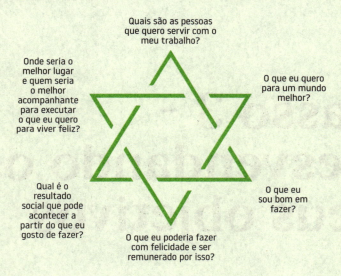

O Gráfico da Missão de Vida ajudará você a analisar o que faz o seu coração vibrar. Paralelamente, proponho uma análise do oposto: a identificação daquilo que você não quer, de maneira alguma, que faça parte da sua jornada. E, para facilitar esse entendimento, convido você a escanear o código e acessar o exercício a seguir.

A partir do próximo capítulo, caminharemos o desafio de estabelecer os seus objetivos de vida e ordená-los, a fim de conseguir dar um salto no seu plano evolucional, de maneira prática e funcional. Avance sem medo!

7.
Passo 3 - Desvendando os seus objetivos

Não ter objetivo na vida é um sintoma desses véus ou camadas que impedem a nossa visão. É como sair de casa sem ter um destino. Você simplesmente sai e começa a perambular, sem saber quais são as tarefas que precisa cumprir. Caminha como um zumbi, meio perdido, autômato, inconsciente, seguindo outros zumbis, que também estão andando ao léu, e você não consegue nem perguntar para onde estão indo, simplesmente anda sem destino.

Tal situação se conecta com a maneira como você escolhe se projetar no mundo, com qual força vai se manifestar, qual é o seu trabalho, a sua atuação nesse meio, como interage e ajuda as pessoas a evoluir. Neste capítulo, vamos percorrer o passo 3 do método Frequência da Alma, para que você possa estabelecer e organizar os seus objetivos, criar o seu Mapa da Vida e caminhar para a sua felicidade.

O QUE VOCÊ REALMENTE QUER?

Muitas vezes, temos dificuldade de olhar para nós mesmos, perceber o que estamos vivendo e o que queremos. Certa vez, eu contava a uma pessoa sobre a época em que tive crise de pânico, entrei em depressão e me senti perdido. Nessa mesma conversa, cheguei a dizer: "Nossa! Não sei de onde veio isso! Não tem por que eu ter passado por essas emoções e patologias". A pessoa com quem eu conversava se virou para mim e disse: "Como você não sabe? Olha sua história de vida, tudo pelo que você já passou. Se fosse outra pessoa, talvez estivesse lá no limbo ultradepressivo e teria feito coisa pior!". Eu não enxergava nem o que eu tinha passado de ruim, e desqualificava toda a minha trajetória, o que, inclusive, reduzia a minha resiliência e força por ter superado tudo.

Depois de viver muitas dores, aprendi que o único caminho é olhar para si mesmo e entender a própria vivência. Quando você compreende suas dores e enxerga sua potência, sabe a direção que deve seguir.

A filosofia védica fala que o único processo de salvação espiritual é o conhecimento. Veja bem, não é o conhecimento que está nos livros, mas o que está dentro de você. Os grandes matemáticos, médicos, físicos e astrônomos da Índia não acessavam o conhecimento pelos livros, e, sim, pela meditação. Então, quando perguntados como chegaram a essa sabedoria, falavam que ela provinha da sua conexão com o divino.

O filme *O homem que viu o infinito*, que trata da vida do matemático indiano Srinivasa Ramanujan, ilustra bem esse aspecto. Ramanujan, que contribuiu significativamente para a matemática, entendia que a vida caminha dentro do âmbito espiritual e não apenas racional. As respostas às perguntas de Ramanujan, as fórmulas e as informações de que precisava, apareciam na sua mente quando estava em oração e meditação. As fórmulas deixadas pelo matemático são, ainda hoje, usadas para entender os movimentos dos buracos negros.[19]

É importante que você saiba que, quanto mais olha para dentro de si, mais o "lá fora" será reconhecido. O filósofo Hermes Trismegistus falava que o que está em cima é como o que está embaixo, o que está

---

19 O HOMEM que viu o infinito. Direção: Matt Brown. EUA: Warner Bros., 2015. Vídeo (108 min). Disponível em: https://www.primevideo.com. Acesso em: 6 maio 2025.

dentro é como o que está fora,[20] convidando-nos a expandir a nossa visão sobre o que vemos e percebemos com o nosso sentir.

Proponho um exercício bastante simples para ajudá-lo a definir os seus objetivos e ter clareza sobre os seus gostos. Preencha a tabela a seguir, separando o que você gosta e não gosta de fazer e no que acredita que é muito bom.

Gosto de fazer	Não gosto de fazer	Sou muito bom em fazer

---

20 OS 7 Princípios Herméticos. **Astrolink**. Disponível em: https://www.astrolink.com.br/artigo/os-7-principios-hermeticos. Acesso em: 6 maio 2025.

Passo 3 - Desvendando os seus objetivos

LEI DA MANIFESTAÇÃO

Saber o que realmente você quer definirá a direção da sua trajetória de vida. É quando você rompe com o modo automático do ciclo de inconsciência – acordar/trabalhar/comer/dormir – e caminha na direção dos seus sonhos. E, para isso, é preciso acreditar e AGIR. É possível mudar, mas antes você precisa se conectar com a Frequência da Alma, que a princípio pode parecer algo impalpável, mas não é. Chegar a esse ponto é se ligar a algo maior que você, que está dentro da sua alma, mas que você não percebe. Como passar fome enquanto carrega um baú de guloseimas. É incoerente. É uma cegueira que precisa ser revertida!

Além de saber o que quer, perceba que, se você tiver um objetivo, mas não agir, as coisas continuarão no mesmo lugar. Aquilo que você deseja continuará sendo um sonho. Quando sabe o que quer e começa a agir, você sai do plano dos sonhos. O objetivo é, portanto, a chave da manifestação. Por isso, não adianta só pensar. Se eu quiser manifestar os meus sonhos, devo colocá-los em formato de objetivos. E os objetivos precisam estar planificados. Na hora em que os objetivos são planejados, estou manifestando a realidade que já existe dentro de mim, porque agora passo a ter consciência.

O objetivo é uma chave-mestra que abre o seu poder de expressão, que na Frequência da Alma chamamos de Lei da Manifestação. Estabelecer objetivos é funcionar dentro dessa ordem. Ao mesmo tempo que mudamos a nossa frequência, descobrimos quem somos e vemos um chamado do Universo para que coloquemos os objetivos em ação.

Não acredito na Lei da Atração. Tenho convicção de que tudo que precisamos está em algum lugar dentro de nós, na nossa alma. Então, quando você pensa em atrair, entende que as coisas estão lá fora e que precisa fazer um esforço danado para que elas cheguem até você. Penso que o caminho é o inverso. É dentro que está toda a informação necessária. O seu trabalho é acessá-la, utilizá-la no seu dia a dia e manifestar a realidade que você deseja. E há regras para isso.

Quando você aprende, na Lei da Atração, que precisa ter muitos pensamentos positivos e isso vai colocar um cheque na sua caixa de correio ou, então, que deve entoar vários mantras para que surja um dinheiro do nada, pode ser que se frustre. Como você sabe, somos muito complexos e há diversos aspectos a considerar. Claro, o pensamento positivo vai ajudar um pouco, mas há um caminho mais efetivo para materializar o que deseja. A partir do momento em que você entende o seu lugar no mundo, compreende que não é sobre atrair, é muito maior do que isso: o ponto é ser autorresponsável. É como encontrar a sua posição na grande orquestra, para que o seu instrumento possa ressoar de maneira extraordinária e, assim, encontrar o equilíbrio entre as partes e a harmonia no conjunto.

Quando penso na Lei da Manifestação, estou lidando com algo que já existe, que é muito mais poderoso, pois está dentro de você, não precisa buscar fora. Não é algo que surge do nada – e você não precisa ficar contando com a sorte. A Lei da Manifestação exige movimento e ação, portanto, você é convidado pelo Universo a se mover. Sem isso não há conexão. Há que se estabelecer um diálogo entre você e o Universo, com a clareza de que estão falando a mesma linguagem, o que é feito no sentir e no agir, para você vibrar neste timbre: "Eu sinto que sou essa potência e ajo a favor dessa potência para que ela vire realidade lá fora".

Todo o processo que percorremos desde o início deste livro faz parte da Lei da Manifestação. Primeiro, é um olhar interior, pelo qual compreendo o meu lugar no mundo e o que posso fazer para contribuir para esse meio em que vivo. Uma vez que entendo isso, estou em um lugar potente, ou seja, faço diferença no mundo. Assim que descubro que existe algo que sou bom em fazer, que esse talento vai contribuir para o Universo de uma maneira grandiosa e que vou fazer o meu melhor (porque isso é o que eu faço de melhor), ao mesmo tempo, sinto prazer por ter assumido o meu papel de protagonista e me expando. Quando entendo todo esse processo interno, no entanto, preciso me perguntar: "O que eu quero com isso?".

Chega, então, a segunda fase, que é esse dom, a missão de vida, que me colocou em um lugar específico no mundo, que é onde eu vou agir. Só que, agora, como eu vou agir? Através dos meus objetivos, que me guiam. Tenho um lugar para chegar. Então, eu listo, com muita clareza e detalhes, quais são os meus objetivos. A partir daí, tenho que estar ciente de que estou falando de um lugar que não é só meu, mas representa a minha contribuição para o mundo, o legado que vou deixar. É preciso pensar sobre isso, pois é o que dará razão à vida.

Ao ter consciência do que vou deixar no mundo, também preciso suprir a necessidade de vida que tenho. Em outras palavras, devo transformar em objetivos o que quero para viver uma vida abundante. Para concretizar esse plano, tenho que me fazer algumas perguntas: Eu quero um carro? Dois? Ou três? Qual é o valor desse carro? Qual é o modelo? E para que eu desejo esse carro? Eu quero uma casa, ou duas? Casa ou apartamento? Uma casa na praia, no campo ou na cidade grande? Eu quero filhos? Quantos? Eles vão estudar em uma escola particular ou pública? Eu vou morar em qual país? Ou vou ficar metade do tempo em um país, metade em outro?

Vou colocando os objetivos de maneira bem detalhada. Por quê? Porque chegamos à fase 3. Depois que listei todas as definições, monto isso em um passo a passo e designo também o tempo em que as coisas devem ocorrer. Por exemplo, não me pergunto onde vou colocar o meu filho para estudar, se ainda não tenho a intenção de ter um filho. Então, preciso primeiro focar essa etapa – ter um filho – para depois pensar como vai ser a vida desse filho, onde ele vai estudar, o tipo de educação que quero dar etc. A praticidade dos objetivos também está em saber ordená-los.

Quando aprendo sobre a missão de vida, entendo o que é uma vida, o que é viver. Em seguida, posso traçar os meus objetivos, para criar essa vida de maneira mais ampla, sempre me questionando ao longo do caminho: "Qual é o tamanho desse viver?".

Talvez você responda: "Ah, viver, para mim, é isso aqui, é dessa maneira. É saborear essa jornada, desse jeito". Pode ser que você tenha objetivos que não consiga conquistar. Mesmo assim, eles guiarão sua trajetória. A partir daí, você vai fracionar o viver no tempo que cada objetivo levará para ser alcançado. No próximo capítulo, trabalharemos tudo isso na prática, com o passo a passo dos objetivos até a organização do dia a dia.

VIVENDO A PLENITUDE DO OBJETIVO

Em alguns momentos, quando realmente fazemos as coisas com o coração, o objetivo inicial tende a ser ampliado, porque o resultado alcançado se expande por si só.

Há alguns anos, fui convidado para conduzir um projeto de educação em uma comunidade de Belo Horizonte. A proposta era adaptar para o cinema as obras literárias adotadas na rede pública. Então, identifiquei que os livros de literatura de autores negros e

Passo 3 - Desvendando os seus objetivos **103**

afro-brasileiros eram ofertados para as escolas públicas em um kit, em conformidade com a Lei 11.645/08, de 10 de março de 2008, mas ninguém os lia.

Criei, então, uma oficina de adaptação literária para curtas-metragens. A escola-modelo que estava sob a minha responsabilidade chamava Florestan Fernandes e ficava na periferia da cidade. Com o projeto, intitulado Cinema Negro, os índices de leitura deram um salto. No período da oficina, os alunos passaram de zero para catorze livros/ano. Eles não estavam lendo apenas por obrigação, mas para saber qual obra seria mais interessante adaptar para o cinema. Quando terminou a fase da leitura, fizemos nove turmas, que produziram nove curtas-metragens, exibidos no Brasil e na Argentina. Esses meninos, de 14 e 15 anos, na sua maioria ligados de alguma maneira ao tráfico de drogas, pela primeira vez se viram em uma sala de cinema. Foi surreal.

É óbvio que eu não imaginava que o projeto mudaria a vida daqueles jovens ou que eles largariam todo o dinheiro que ganhavam no tráfico (que eles até me ofereciam e eu nunca aceitava), porém, eu sabia que alguma coisa mudaria dentro deles. Lembro que uma menina de um desses grupos se tornou fotógrafa. Saber disso me trouxe muita satisfação, porque percebi que a semente havia sido lançada na terra.

Aquele trabalho foi realizado com amor. Na época, não ganhei muito: recebi para cumprir seis horas de oficina e fiz umas 280 horas, porque gostei do envolvimento dos jovens com o trabalho. No final daquele ano, fomos premiados como a maior iniciativa educacional para a diversidade do país, o que me levou a pensar que o atual sistema educacional realmente precisa de atenção. O projeto foi ótimo, mas completamente improvisado. Outra reflexão foi que talvez esses jovens cheguem às drogas porque não conseguem alcançar outras oportunidades que façam brilhar a mente deles. Sempre me perguntava: "Por que eles se empenharam tanto no projeto?". Sinto que foi pela aura do cinema. Algo como: "Poxa, vou aparecer no cinema, que massa! Posso brilhar diferente!".

Esses momentos me trouxeram aquela sensação de estar em um lugar onde o tempo e o espaço parecem se dilatar, porque eu estava vivendo a minha missão de vida, o meu propósito de alma, o objetivo maior da minha existência. É nessa força da alma que se encontra o caminho que queremos. Então, é muito importante que você encontre esse objetivo maior e estabeleça uma rota para chegar lá, com metas práticas para concretizá-lo. Vamos trabalhar nesse ponto!

AJUSTANDO A FREQUÊNCIA

O que aconteceu no aeroporto – quando me conectei com a Frequência da Alma e consegui mudar a minha trajetória de vida – tem muita ligação com o acesso ao conhecimento e como isso pode ser transformador.

É muito importante saber que o que livra você de um carma é o entendimento e o conhecimento, segundo a filosofia védica. Na hora em que adquiri o conhecimento de que, com todas as forças da minha existência, eu conseguiria mudar a minha realidade, algum carma se transmutou e alcancei essa liberação.

Independentemente da sua religião, gostaria de trazer essa ideia de carma, pois ela servirá ao menos como reflexão. Falar em carma pressupõe a existência de outras vidas. Infelizmente, esse conceito foi muito mal-interpretado por algumas religiões, que o conectam a pagamento ou castigo por erros cometidos em vidas passadas. Mas é essencial que você saiba a verdade. O sentido real do carma é amplo, complexo e transformador, por isso, vou explicá-lo melhor aqui.

Passo 3 - Desvendando os seus objetivos **105**

A palavra carma, que vem do sânscrito, significa ação. Esse acúmulo de ações nos leva ao apego do mundo material e nos desvia do caminho da alma. Toda vez que renascemos, temos a oportunidade de entender e reinterpretar a vida para poder compreender que a matéria é só um trampolim para o acesso à essência da alma, e não um lugar para se apegar. Para realmente assimilar que o verdadeiro caminho é o da alma e não o da matéria. Ao mesmo tempo, não temos de negar a matéria, porque é por meio dela que aprendemos sobre o universo.

Uma imagem que costumo usar é a de uma mochila cheia de pedras, que acumulamos ao longo do caminho. Em vez de compreender que a matéria é parte do nosso processo de conhecimento, focamos a posse dessa matéria, e chega o momento em que viramos propriedade dessa mesma matéria, que nos domina. Então, toda vez que isso acontece, um carma é contabilizado na nossa mochila.

Esse peso que acumulamos é resultado de não entendermos o processo da vida. E também de acreditarmos na ilusão dos sentidos de Maya, ou seja, do mundo material. Toda vez que mergulhamos em Maya, achando que essa ilusão é a grande verdade, estamos criando carma. Toda vez que entendemos que essa ilusão é só uma forma de aprendizado, deixamos de criar carma. Costumo repetir uma pergunta do músico Criolo feita em uma entrevista para Lázaro Ramos, no programa *Espelho*: "São as pedras que não falam ou a gente que não sabe escutar?".[21] O que você acha?

---

21 CRIOLO e Lázaro Ramos | Espelho. 2014. Vídeo (24min42s). Publicado pelo Canal Brasil. Disponível em: https://youtu.be/eP86LuPwUYk?si=INTs DJpN3BRa5JN1. Acesso em: 7 maio 2025.

DETALHANDO OS SEUS OBJETIVOS

O cérebro precisa de imagens para conseguir organizar os próximos passos. É fundamental deixar bem definido o que você quer. Proponho uma decupagem dos sonhos, a fim de que eles se tornem objetivos e palpáveis, para que sejam executáveis em um tempo específico e exatamente como você idealizou, nos mínimos detalhes, em uma imagem perfeita da vida que você quer ter.

O Universo não vai entender o que você deseja, se a mensagem não for bem clara. Se você disser: "Eu quero ajudar muitas pessoas", faz sentido, porém surgem algumas dúvidas. Como você quer ajudar? Onde? De que maneira? Por quê?

Sendo assim, é essencial que seus objetivos contenham o legado que você quer deixar para o mundo. Se você focar somente o objeto do seu desejo, estará construindo uma vida egoísta, que não tem crescimento espiritual. O poeta francês Rimbaud dizia: "*Je est un autre*",[22] ou seja, "Eu é o outro", em vez de "eu sou o outro". Todo mundo, todo "outro" sou eu. E a filosofia védica fala isso também: "Eu sou todo mundo".

Se eu sou todo mundo, quando faço algo para mim, é o mesmo que fazer para todos. Preciso, também, pensar nesse todo, nessa coletividade, porque esse todo é Deus. Portanto, se faço algo pensando só no meu bem-estar material, estou levando uma vida egoísta, carregada de carma, sem o objetivo de deixar um legado ou de transformar o Universo do qual faço parte. Independentemente do tamanho da transformação, é importante ter consciência de que estamos fazendo algo para um bem maior. É nisso que acredito, embasado na experiência da filosofia védica.

---

22 RIMBAUD, A. **Poésies Complètes**. Paris: LGF, 1998, p. 149.

Você pode querer escrever um livro apenas para ter retorno financeiro ou para ajudar as pessoas a concretizarem seus sonhos. A partir dos sonhos delas, você poderá alcançar milhares de pessoas, com aquilo que faz sentido para elas, provocando uma onda de transformações de vidas. Veja, é só um ajuste de perspectiva.

Na minha trajetória, na clínica, convivendo com pessoas que eram suicidas em potencial, muitas vezes só conseguia fazer com que elas acordassem quando falava sobre seu legado na Terra. Dizia para elas: "Você já parou para pensar? Você foi colocado aqui por algum motivo e tem alguém esperando encontrá-lo para que a vida dessa pessoa seja completamente transformada. E você está aí parado, sem fazer nada, e essa pessoa não vai encontrá-lo e talvez a vida dela seja miserável porque ela só estava esperando o dia em que te encontraria".

Quando as pessoas começam a refletir sobre essa jornada que proponho, ocorrem mudanças, e elas passam a ver sentido na vida delas. Por isso, é importante colocar atenção no legado ao criar os seus objetivos, com foco em três pilares: finanças, saúde e relacionamento, que sustentam todos os outros planejamentos.

Se você disser "eu quero uma família feliz", perceba que esse objetivo é muito aberto, a mente não consegue focar e se entregar totalmente para a realização. Dê mais detalhes: "Eu quero uma família feliz, em uma casa na praia, viajando bastante com os meus filhos (pelo menos dois) e com o meu cônjuge, convivendo durante as refeições, com tempo para conversar e se relacionar, levando os filhos para a melhor escola da cidade, trabalhando com alegria e deixando um legado importante para o mundo".

Alguns podem falar: "Quero ser rico". Mas o que é ser rico para você? Riqueza é diferente para cada um. Você pode dizer: "Quero ter estabilidade financeira, com dinheiro para poder fazer X viagens por ano, ter mais tempo para desfrutar da vida, com conforto material (uma ótima casa e um excelente carro, todos quitados e novos), suprindo todas as necessidades do dia a dia com tranquilidade, levar a minha família todo final de semana a um restaurante diferente, desfrutar da companhia dos amigos e criar um legado essencial para a humanidade".

Talvez você sonhe em ter um relacionamento amoroso (ou melhorar o que já tem), mas precisa ser bem específico: "Quero ter um companheiro(a) que seja honesto(a), bem-humorado(a), amoroso (a) e gentil, a quem ensine e com quem aprenda, que goste de viajar e desfrutar da minha companhia, em programas divertidos e nas tarefas do dia a dia, que curta cozinhar e assistir a filmes e séries, e que deseje se casar comigo dentro de três anos para, juntos, construirmos um importante legado para o mundo".

Caso deseje ter uma carreira de sucesso, é fundamental definir o que seria sucesso a seu ver: "Quero ter uma carreira em que possa manifestar as minhas virtudes, aquilo em que sou bom em fazer, sendo bem remunerado por isso, colaborando com as pessoas e deixando um legado para o mundo, de modo que ele se beneficie do que faço de melhor e com prazer".

Se quer estabelecer ou manter o estado de saúde, saiba que a filosofia do ayurveda mostra que a cura é o encontro perfeito entre a doença, o paciente e o médico certo. Muitas vezes, vários médicos olharam com propriedade para alguma enfermidade e não conseguiram revertê-la porque entre eles não estava o médico certo para aquele momento, para aquela pessoa, para tratar aquela condição. Digo sempre que é um encontro de carmas e, nesse encontro, a transformação acontecerá. Então, o médico e o paciente destinado a ele estão em um compromisso único para exterminar aquela doença. Não é qualquer médico, é o médico certo, é o destinado àquela transformação para alcançar a cura. Isso é muito interessante, porque pode ser que esse médico aja da mesma maneira que o anterior, só que o carma dispôs que essa cura seja o contato entre outras duas pessoas.

Percebo que essa dinâmica tem conexão com tudo que estamos tratando aqui: a hora que você alinha o seu GPS, se conecta com a frequência da sua alma, economiza tempo e consegue mais benefícios para a sua vida, porque encontra a pessoa certa, o lugar certo, o médico certo. Você pode desenhar o seu objetivo de saúde assim: "Quero estabelecer e manter um estado de saúde permanente, com energia, vivacidade, independência, equilíbrio e harmonia entre todos os corpos (físico, mental, espiritual e astral), para que eu possa exercer minha utilidade no meio em que vivo, contribuindo com as necessidades do mundo e das pessoas que nele habitam".

EXERCÍCIO – DESVENDANDO OS SEUS OBJETIVOS

Convido você a escanear o QR Code e acessar o exercício a seguir, para que percorramos juntos o caminho para desvendar os seus objetivos, que agora vão ficar bem claros para você, uma vez que estarão na mesma frequência da sua alma.

Escreva seu objetivo de vida

Proponho um exercício simples, mas que será a base para o seu Mapa da Vida. A seguir, escreva qual é o seu objetivo de vida, com todos os detalhes:

No próximo capítulo, trarei alguns exemplos desses sonhos, considerando os pilares finanças, saúde e relacionamento, para que possa desenhar o seu Mapa da Vida em cada detalhe, fazendo com que o seu futuro se torne mais concreto para você, da maneira que sonhou. Mãos à obra!

8.
Passo 4 - Desenhando o seu mapa da vida

Seguindo a sua missão de vida, o propósito da sua alma, e tendo os seus objetivos claros, fica mais fácil traçar metas e passos. Agora, você é capaz de construir o seu Mapa da Vida de maneira leve, aproveitando os micropontos de felicidade que ela vai lhe entregar durante o seu caminhar. Crie micro-objetivos em cada trecho da trajetória para que a felicidade seja mais constante ao longo dela. Veja, não é somente focar o ponto de chegada, mas aproveitar o caminho até lá.

É importante que você sinta que toda essa transformação começa com a sua vontade e depois com o fazer, ou seja, o exercício do conhecimento compartilhado. Será no cotidiano, na consistência dos seus atos, que verá a mudança acontecendo. Vamos aprofundar agora o passo 4 do método Frequência da Alma, com exemplos práticos, de modo que você aprenda a criar o próprio Mapa da Vida.

O QUE É O MAPA DA VIDA?

O Mapa da Vida é um guia para você traçar a sua trajetória, com os seus objetivos, metas e passos para concretizar o seu sonho. "Erick, por que é importante ter um Mapa da Vida?". Imagine que você precisa ir de Porto Alegre a São Paulo. Como vai fazer esse trajeto? Precisará de um mapa, pois sem ele não saberá o caminho a seguir, onde poderá fazer as paradas para comer e descansar, em qual horário chegará. A maioria de nós, hoje, usa o GPS, com mapas digitais e mais práticos. O Mapa da Vida é esse guia que fará você agir, com o qual saberá onde quer chegar na sua jornada e como vai percorrer essa caminhada. É um desenho claro, palpável, do que precisa fazer para alcançar o que quer.

113

Mas, afinal, o que é a vida? A vida é exercer o carma. Carma é ação. Como mencionei, essa é a tradução de carma, que vem do sânscrito, antigo idioma da Índia. Sinto que é importante reforçar que carma não tem nenhuma relação com castigo, nem com o "pagamento" por algo que se fez. Essa é uma deturpação do sentido original do conceito. Na verdade, carma é a sua ação no mundo, é o que você faz que gera resultado, positivo ou negativo.

Quando está agindo em prol do Universo, o carma é neutro e não produz consequência para você, não será necessário revisá-lo mais adiante. Basicamente, a teoria do carma é algo simples: se estou fazendo as coisas pensando apenas em mim, isso resultará em carma, mesmo que a princípio esteja me gerando ganhos. Se ajo pensando no mundo, não gero carma, mesmo que isso esteja me trazendo resultados negativos. O ponto é sempre este: se você pensa apenas em si mesmo, gera carma. Se você pensa no Universo, além de não gerar carma, gera Artha – que são os benefícios que mencionamos anteriormente. E, então, poderá desfrutar desses benefícios.

Você já deve ter percebido que, para sair da dor e do sofrimento, é preciso sair de si mesmo e olhar o mundo, ajudar as pessoas da melhor maneira que puder. Mesmo um milionário, que aparentemente não sinta dor e tenha as suas necessidades supridas, não se sentirá completo até que olhe para o mundo e atenda as necessidades do próximo, deixando um legado no Universo. É o que mais vejo no meu dia a dia, atendendo pessoas com posses, mas infelizes. Portanto, ao eliminar os véus, as camadas que encobrem a sua visão sobre si e o mundo, você já começará a sentir mudanças dentro e fora, porque é natural que seja assim.

Ao acessar esse conhecimento, você percebe que ele é o mapa que lhe permite chegar à sua missão de vida, ao seu objetivo maior. Você entende que existe um caminho a ser percorrido, e que ele pode ser o caminho mais curto para chegar à sua felicidade. Então, por que fazer outro caminho? Claro, há várias estradas, que levam a experiências diversas, o que é melhor do que se deixar levar sem rumo por qualquer caminho. Porém, quando tomamos uma ação baseada no conhecimento, e não só no próprio desejo, entendemos a rota que precisamos pegar.

Costumo usar um exemplo da minha vida para ilustrar essa encruzilhada de opções de caminhos. Na cidade de Rio Grande, no extremo sul do país, onde eu morava, existem dois caminhos para chegar a Porto Alegre: um pela estrada e outro pela balsa, o qual segue até São José do Norte e depois continua por outra estrada. Teoricamente, essa última rota é mais curta, só que demora muito mais, porque é uma estrada ruim, cheia de buracos e não tem pista dupla. Imagine, se eu sou um visitante em São José, olho o mapa e digo: "Vamos por aqui, são 100 quilômetros a menos!". Pronto, vou ter problemas! Por não ter ciência do mapa, não estarei fazendo o caminho por conhecimento, mas pelo desejo de escolher uma rota mais curta. Ao caminhar sem conhecer os pormenores do mapa, estamos sujeitos a aprender pela dor. Agora, se houver conhecimento, o viajante entenderá que essa rota, apesar de mais curta, é mais demorada. Com conhecimento, ele dirá assim: "Vamos pela rota mais longa, porque ela me dará a experiência de que preciso, sem sofrimento".

O conhecimento economiza energia, tempo, recursos e proporciona aprendizado. Você poderá até errar, mas com consciência, e saberá corrigir qualquer engano. Ação sem conhecimento inevitavelmente faz você errar sem saber o que é preciso para mudar, o que é completamente diferente.

Para aqueles que já trilharam o caminho do sucesso material, convido a uma reflexão profunda: como utilizar sua experiência e recursos para criar um mapa da vida que transcenda o individual e alcance um propósito maior? Quais objetivos, ao serem atingidos, não apenas fariam com que você se realizasse plenamente, mas também deixariam um legado inesquecível no mundo?

Passo 4 - Desenhando o seu mapa da vida **115**

MICROPONTOS DE FELICIDADE

Um ponto fundamental nesse método, quando trabalho a Frequência da Alma com meus mentorados e pacientes, é que todo dia é preciso saber que demos um passo na direção do nosso objetivo e, ao mesmo tempo, precisamos enxergar os micropontos de felicidade que alcançamos. Quando observamos o nosso dia, conseguimos enxergar quanto caminhamos, agradecer pelo que caminhamos e também por tudo que já temos, e comemorar.

Não adianta esperar que a felicidade chegue só quando você conquistar o momento final, que é a somatória dos passos percorridos. Pode ser que no final de sua jornada, você não tenha conseguido o objetivo central, contudo, alcançou uma vida extraordinária, de alguém que deu exemplo do que é persistência e resiliência. Então, todos os dias da sua vida, você precisa olhar e entender quais são os pontos em que conseguiu ver felicidade e celebrar.

Enquanto realizava alguma ação, você pode ter percebido que melhorou a vida de alguém, que o seu filho ficou feliz quando você chegou em casa, que o depósito que fez na sua conta o deixou mais perto do seu objetivo, trazendo muita satisfação. Tudo isso – alcançar as pequenas coisas – também deve fazer parte das suas metas.

Isso me lembra o filme *O fabuloso destino de Amélie Poulain*, em que a personagem principal listava pequenos prazeres da vida.[23] Visualize também quais são os pequenos prazeres do dia a dia na sua vida, com o objetivo que você tem, e olhe para isso que está sendo construído. Assim, a caminhada ficará mais vibrante, mais fácil de percorrer. É muito importante reconhecer a jornada e valorizar

---

23 O FABULOSO destino de Amélie Poulain. Direção: Jean-Pierre Jeunet. França: Claudie Ossard Productions, 2001. Disponível em: tv.apple.com. Acesso em: 6 maio 2025.

cada passo, simplesmente criando consciência do quão divertido pode ser o processo de realização do sonho.

Se o objetivo é emagrecer 12 quilos, é essencial perceber que hoje você emagreceu 200 gramas e comemorar, porque esse é um microponto de felicidade. Afinal, você conseguiu dar um pequeno passo. Veja, o ponto não foi quanto emagreceu, mas tudo de que conseguiu dar conta no dia de hoje, isto é, os passos que o deixam mais próximo do seu objetivo final.

Esta obra foi construída também desta maneira: de capítulo em capítulo, celebrando cada avanço, cumprindo as metas estabelecidas para chegar ao grande objetivo de escrever um livro que faça a diferença na vida das pessoas. Para mim, foi um processo que envolveu o sagrado, porque cuidamos de cada palavra. Se até o alimento é sagrado, assim como o que eu faço a cada instante (meus pensamentos, ações e as palavras ditas e escritas), recomendo que cuide do que você pensa e do que fala, uma vez que algo está sendo construído com essa energia. Se você quer chegar lá, no seu emagrecimento, na sua casa própria, na sua carreira de sucesso, lembre-se de que está construindo esses objetivos hoje. Alguém que diz que você tem muita sorte com o que já conquistou nem imagina quanto esforço e dedicação está envolvido em cada passo.

A felicidade é conseguir ter prazer e contentamento no dia a dia, celebrar cada coisa que acontece, cada sopro do vento, cada passarinho que canta na sua janela. Quando falamos em contentamento, alguns veem como algo negativo: "Você tem que se contentar com isso!". Não! Contentamento é aprender a valorizar o que você conseguiu fazer hoje. Ou o que não conseguiu, mas gerou aprendizado, mesmo que tenha sido desagradável. Repito: não é sobre o ponto de chegada, é sobre aproveitar toda a jornada.

Então, se escolho um objetivo, estou determinando o ponto de chegada, o que é interessante na hora que traço esse objetivo, mas depois tenho de esquecê-lo. Preciso focar o meu dia a dia, porque é o que vivo. É o estado de mindfulness, ou seja, o estado de presença. Esse é um lugar fundamental, pois é onde se encontra a felicidade nesse momento. Não só quando aquele objetivo for alcançado. Esse é o estado de felicidade durante a jornada. É o reconhecimento da sua caminhada.

Lembro quando fiz a travessia da maior praia do mundo, um percurso de 240 quilômetros, que fica em Rio Grande, no Rio Grande do Sul. Quando cheguei ao final, os meus pés estavam cheios de bolhas. Comemorei cada uma delas, dizendo: "Olha aqui as marcas do que consegui!". Quando uma pessoa percorre qualquer desafio que se impõe, também deve comemorar as dores, o cansaço, a fadiga, porque foram resultado do seu esforço e dedicação.

ORGANIZANDO O CAMINHO

Para delimitar o que quer para a sua vida, será preciso escrever o seu objetivo com todos os detalhes, como fez no capítulo anterior. Erick, como vou fazer tudo isso acontecer? A resposta é: coloque o seu objetivo no dia a dia.

Sugiro que ordene os objetivos e o prazo em que eles devem ser concretizados. Por exemplo, o mestrado levará de dois a três anos, a capacitação profissional pode levar de alguns meses até um ano. Você pode se programar para fazer o mestrado em dois anos, a capacitação profissional em um ano, casar dentro de quatro anos e ter um filho em cinco anos. Assim, poderá fazer uma organização de longo prazo, considerando um planejamento para os próximos cinco anos, depois quebrá-lo em partes: anual, semestral, trimestral, mensal e semanal. Com essas etapas consideradas, é possível desenhar o planejamento diário.

A partir dos objetivos definidos, proponho criar as metas e distribuí-las em passos, trazendo para a consciência que cada passo é uma conquista. Aprendi que essa próxima fase leva uma vida inteira, porque é o nosso dia a dia. É quando você olha para o cotidiano e organiza todo o mapa da sua vida, traçando as metas para criar a jornada que idealizou.

PLANEJAMENTO DOS OBJETIVOS + METAS + PASSOS

- **OBJETIVO:** considere o objetivo que você já escreveu no capítulo anterior. A partir daqui, vamos dividi-lo em metas e passos, para facilitar a execução.

- **METAS ou MICRO-OBJETIVOS:** aqui, focaremos a importância e na ordenação dos micro-objetivos, que são as metas que farão você chegar ao objetivo final. Todo objetivo possui micro-objetivos/metas dentro dele. Por exemplo, se tenho o objetivo de fazer um doutorado, dentro dele há metas: tenho que fazer a minha inscrição, estudar para a prova de admissão, depois começar a estudar as disciplinas e fazer as provas regulares e os trabalhos propostos, até a sua conclusão, com a apresentação da tese de doutorado. A conquista dessas metas é tão importante quanto o resultado final, concluir o doutorado.

É essencial se conscientizar sobre a importância de cada dia, porque, quando se pensa no objetivo, tendemos a imaginar apenas o resultado final. Só que, o que fez você chegar ao final foi cada dia que viveu, cada passo que deu. Então, o micro-objetivo é muito importante, muito maior do que o objetivo final, porque são eles que o constroem. Se todo dia você conseguir enxergar grandeza no que fez durante as últimas 24 horas, vai quantificar o que está sendo consolidado aos poucos.

Celebrar cada meta, mesmo que seja apenas fazer sua inscrição para o doutorado, vai fazer a diferença na sua trajetória. A minha esposa tem uma maneira muito interessante de celebrar as pequenas conquistas. Durante o dia, ela costuma dizer assim: "Nossa, hoje estou feliz demais porque consegui cumprir essa tarefa!". Essa é uma celebração, que tem tudo para se transformar em um hábito bastante saudável.

Você pode, dentro da sua rotina, criar formas de organização de informações e compromissos. Uma estratégia muito interessante e simples de ordenar mentalmente seu dia é ter uma agenda (a digital, no celular, ou a impressa, de papel) para anotar as tarefas do dia/semana/mês, na qual você dá OK no que foi resolvido. Se faltou algo naquele dia, transfere o compromisso ou atividade para uma melhor data. Ter um caderno para anotações rápidas também ajuda muito a organizar o que for aparecendo. Dá uma sensação muito boa resolver o que precisa, um sentimento de dever cumprido! Nada fica para trás!

- **PASSOS:** o seu objetivo é uma coletânea de micro-objetivos que precisam ser cumpridos, dentro de cada um deles (meta) há passos a serem realizados em um dia, para concretizar o que projetamos para a nossa vida. Os passos preenchem o nosso cotidiano, a fim de alcançar as metas propostas.

Exemplo de Objetivo + Metas + Passos
Vou compartilhar um exemplo para que você possa visualizar melhor essa ordenação:

OBJETIVO 1: emagrecer 12 quilos em seis meses.
METAS ou MICRO-OBJETIVOS: para realizar o objetivo de emagrecer 12 quilos, preciso criar metas no dia a dia, que são divididas em várias frentes:
- a) **Meta 1:** atividade física regular.
- b) **Meta 2:** alimentação balanceada.

PASSOS: para alcançar as minhas metas, preciso cumprir alguns passos, a fim de chegar ao meu máximo:

Meta 1: atividade física regular, estabelecendo um aumento gradual do esforço e regularidade.

Passo 1 - Encontrar uma boa academia perto de casa ou do trabalho, para facilitar a regularidade, me matricular e criar uma programação de exercícios.

Passo 2 - Executar a programação de exercícios:

- **Primeira semana:** exercícios físicos duas vezes por semana, com musculação, na academia.
- **Segunda semana:** exercícios físicos três vezes por semana. Dois dias com musculação na academia, e um dia em casa, com exercícios de força.
- **Terceira semana:** exercícios físicos quatro vezes por semana. Três dias com musculação na academia, e um dia em casa, com exercícios de força.
- **Quarta semana em diante:** todos os dias, farei exercícios físicos, com musculação (três dias por semana), na academia, e exercícios de força (três dias, em casa), com caminhada de uma hora, aos domingos.

Meta 2: alimentação balanceada.

Passo 1 - Consultar um nutricionista para criar novos hábitos alimentares.

Passo 2 - Fazer as compras, eliminando multiprocessados e doces, passando a consumir mais alimentos saudáveis (naturais, orgânicos e de mínimo processamento).

Passo 3 - Preparar a minha alimentação diária/semanal ou terceirizar essa tarefa.

Tal lógica pode ser aplicada para qualquer situação. Vamos imaginar que você queira começar a correr, para acelerar o objetivo de emagrecer, por exemplo. Então, você estabelecerá uma meta de correr 10 quilômetros por semana. O primeiro passo para realizar essa meta será caminhar 500 metros a cada dia e ir aumentando essa distância progressivamente. Na sequência, começará a correr, aumentando o desafio aos poucos: de início, 200 metros, depois 500 metros, 1 quilômetro, 2 quilômetros, 5 quilômetros, até chegar aos 10 quilômetros.

MODELO DE MAPA DA VIDA

Quando chegamos ao nível da organização do dia, precisamos ordenar os pilares principais, que sustentam todos os outros planejamentos: financeiro (engloba carreira), saúde e relacionamentos (família e sociedade).

Por exemplo, se quero fazer uma especialização, tenho que pagar por ela, é preciso ter saúde para cursá-la, sem esquecer de manter bons relacionamentos, tanto amorosos e afetivos quanto relações de amizade e profissionais. Além disso, existem tarefas importantes para cada objetivo que listei na semana. Estabeleço um objetivo principal no início de cada semana e insiro sete tarefas semanais, de modo a realizar pelo menos uma delas por dia. Não coloco mais que isso, para que seja possível executá-las.

Para o planejamento que proponho, compartilho o plano, a seguir, que é um organizador de tarefas que visa exercitar o seu foco, organização, produtividade, saúde e realizações nas maiores áreas da vida. A ideia é dividir o seu ano em semanas, priorizando as tarefas mais importantes, que tenham conexão com os seus objetivos de vida.

Neste plano, você encontrará:

- Objetivo principal de cada semana.
- O que precisa ser implementado ou melhorado nas três áreas principais (finanças, saúde e relacionamentos).

122   Prosperidade inesgotável

- Tarefas mais importantes e pendências.
- Dias da semana, para serem preenchidos com os passos para aprimorar essas três áreas.
- Autoavaliação.
- O que não foi concluído e por quê.

Escaneie o código e baixe o arquivo a seguir para imprimi-lo e até encaderná-lo, se quiser, e use-o durante todo o ano, a fim de ordenar objetivos, metas e passos para alcançar o seu sonho.

EXERCÍCIO – RECONHECIMENTO DA JORNADA

Nesta dinâmica, trabalharemos o reconhecimento da jornada e a valorização da sua caminhada, simplesmente criando consciência do quão divertida pode ser a caminhada até a concretização de um sonho. Convido você a escanear o código e a acessar o exercício a seguir.

Seguiremos agora para o passo 5 do método Frequência da Alma, para que você possa celebrar cada pequena vitória e alcançar os resultados que espera. Não desista!

9.
Passo 5 - Medalhas e pequenas conquistas

Por que os atletas recebem medalhas quando conquistam os seus objetivos? Porque elas marcam ritualisticamente a passagem de nível, a conquista. Neste capítulo, trabalharemos a criação de premiações para cada pequena jornada que aproxime você do seu objetivo, além de uma ferramenta de gratidão pelo que ficou para trás, já que isso possibilitou que você estivesse aqui, no presente, caminhando para a mudança. Vamos mergulhar agora no passo 5 do método Frequência da Alma para compor as marcas do futuro que estamos construindo!

CRIE UMA MARCA DE GRATIDÃO

Uma vez, apresentei uma palestra, que comoveu os presentes porque comecei perguntando: "Você já comeu miojo?". Praticamente todos responderam que sim. Depois, eu questionei: "Mas você já precisou comer?". Poucos levantaram a mão. Contei, então, a minha história, especialmente a parte em que reinava a escassez, na qual o miojo foi um lugar de aprendizado.

Tanto que tenho uma imagem desse alimento ultraprocessado na parede do meu escritório. E toda vez que alguém entra ali e pergunta: "Por que você tem a foto de um miojo na parede?", devolvo com: "Porque eu nunca mais vou voltar a esse lugar!". Ele é uma âncora de onde vim, para o qual nunca mais quero retornar. Toda vez que fico com preguiça, olho o quadro e penso assim: "Não, cara! Não!".

Aquela imagem é muito útil para relembrar e trabalhar meus medos. Apesar de aquele miojo já não me trazer medo, ele me lembra de uma história traumática, com dificuldades e provações. De certa maneira, olhar para aquele quadro me lembra desse lugar duro da minha vida. Porém, prefiro olhar para ele como algo não mais possível, para me movimentar e não voltar àquele lugar.

Eu me lembro exatamente do dia em que se deu essa virada. Nós morávamos todos juntos, na casa da minha irmã. Nesse dia, eu tinha ido buscar uma cesta básica, mas havia acabado. Meu sobrinho, que talvez tivesse uns 5 anos na época, falou: "Ô tio, a gente come miojo!". Aquilo me marcou.

Um tempo depois, quando eu já não morava mais com eles, recebi uma ligação da minha irmã dizendo que meu sobrinho estava com pré-diabetes e ela não sabia o que fazer. Na hora, senti o peso da culpa, me vi impotente, porque sabia como reverter aquele diagnóstico com a medicina ayurveda e alimentação adequada, mas não tinha condições financeiras para isso. Tenho certeza de que o miojo, cheio de glutamato monossódico, realçadores de sabor e outros componentes, colaborou para os níveis alterados nos exames do menino. Mas essa limitação foi como um basta para mim naquele cenário de escassez.

Vendo toda a situação – todos comendo miojo – fiz uma promessa: "A partir de hoje, tudo vai mudar! E isso vai ser com a ayurveda! Porque tenho um conhecimento grandioso, que não estou usando!". Decidi que começaria a aplicá-la e atenderia quem precisasse, para transformar a minha vida e a dos outros. E comecei a repetir na minha cabeça que tudo ia mudar, pois era urgente. E, nessa mesma noite, fui ao aeroporto e aconteceu tudo que contei. Não sei por que escolhi esse lugar, poderia ter ido a uma igreja, um templo, qualquer lugar, mas eu quis ir ao aeroporto. Talvez porque, dentro de mim, o meu futuro estivesse ligado a outras culturas e às viagens que tanto queria fazer, no desempenho da minha missão de vida.

Recomendo, então, que você crie um totem, um quadro, ou qualquer coisa que faça você lembrar do que não quer viver mais. Para mim, é a ideia do miojo. Em cada novo ciclo de maior prosperidade, eu compro um miojo para comer e lembrar que nunca mais vou voltar a viver desse "alimento". A ideia aqui é trazer o símbolo fantasmagórico do passado ruim para que ele nunca mais se repita.

Veja, não é um totem para fazer você ter medo desse símbolo, mas para que honre o aprendizado que teve a partir dele, para onde não quer mais retornar. É um lembrete da lição aprendida, que será acionado cada vez que você olhar para ele. Lembrar desse símbolo dará energia para que continue em frente!

Cada um terá a sua marca do passado para usar como ferramenta de gratidão. Lembro de uma amiga que tinha um pai que era o rei do "não" (talvez ela pudesse usar isso para seu totem). A partir das negativas desse pai, para tudo que precisava desde criança, ela decidiu começar a trabalhar bem cedo, aos 14 anos, para comprar o que desejava (livros, cadernos, roupas, idas ao cinema, passeios, viagens, pagar a faculdade etc.). Assim, correu atrás dos seus sonhos desde cedo. Os repetidos "nãos" foram impulsionadores da sua evolução e proporcionaram os desafios necessários para que ela fizesse o que tinha que fazer. Se tivesse recebido do pai tudo de que precisava, talvez não teria alcançado o que conquistou depois de adulta: uma carreira repleta de aprendizados, projetos prazerosos, estabilidade financeira, viagens, estudos e muitos amigos. Esses "nãos" estão dentro dela, mas funcionam como um lembrete para que dê conta dos "nãos" da vida, que sempre aparecem para movimentar os dias e para trazer crescimento. Hoje, ela consegue agradecer por ter recebido essa lição e fala sobre isso sem mágoas.

Se você já conquistou o sucesso financeiro, eu o convido a uma reflexão: qual é o seu "miojo"? Qual lembrança do passado o recorda de onde você veio e o impulsiona a seguir em frente? Use essa memória como um farol, guiando as suas ações em direção a um propósito maior e inspirando-o a gerar um impacto positivo no mundo.

PREMIAÇÕES E MEDALHAS

É muito importante que você crie as suas próprias medalhas, para premiar cada pequeno passo da sua jornada, à medida que se aproxima do objetivo. É essencial que celebre cada micropasso e perceba que você faz sempre o possível, dentro das suas condições. Lembre-se de que você não é perfeito, apesar de caminharmos naturalmente para a perfeição, como seres em evolução.

Cada um pode criar o seu próprio sistema de organização e recompensas. Conheço pessoas que adotam agendas impressas, associadas ao planejamento diário que disponibilizei no capítulo anterior. Seja como for, reserve um momento (especialmente pela manhã) para visualizar tudo que você terá naquele dia, ordenando as prioridades e os próximos passos, sempre considerando as três áreas principais, que precisam ser lembradas diariamente: finanças, saúde e relacionamentos. Então, o que você vai fazer hoje no sentido de equilibrar cada uma dessas áreas da sua vida?

No final do dia, ao olhar a agenda e o planejamento diário e dar OK em cada uma das tarefas concluídas, perceba quais delas resolveu e celebre cada mínimo passo. É como se fossem medalhas, como as dos atletas olímpicos, que você se dá como marca dessas conquistas. "Olha, cumpri isso, aquilo e aquilo outro! Mereço mesmo uma medalha!". Cada uma delas marca a vitória da autossuperação. Você venceu a inércia, se moveu no sentido de caminhar para seus objetivos, fez o possível e foi premiado por isso. Mereceu todas as honras!

Vou compartilhar alguns exemplos dessas premiações. Sugiro, no entanto, que use toda a sua criatividade para encontrar outras maneiras que gerem prazer no seu dia a dia. Você pode se proporcionar pequenas e grandes medalhas, como viagens de final de semana, jantares em restaurantes de sua preferência, passeios diferentes, uma massagem em um spa, champanhe para brindar com o Universo, vale tudo, desde que marquem as conquistas e o seu crescimento, pessoal ou profissional. As medalhas também podem ser mais simples, como passear no parque, comer aquele prato típico que aprecia, presentear-se com flores ou algo bonito. Ocasiões especiais podem envolver uma viagem mais longa para fora do país, ou algo que faça sentido para você, que alegre o seu coração. Se rolar na grama com os cães o deixa feliz, então realize esse desejo, mesmo que possa parecer ridículo para alguém! A autenticidade traz muita paz e contentamento.

Na empresa, propus ao meu sócio que alterássemos o cartão empresarial para o pessoal, para acumularmos milhas. Em dez dias, alcançamos uma pontuação que permitia a troca por uma passagem para a Europa e, então, planejamos uma viagem de lazer para celebrarmos o fruto do nosso trabalho. Isso é muito importante. Precisamos de pequenas comemorações para percebermos a importância da jornada.

A celebração dos aniversários de nascimento e casamento são momentos para comemorarmos mais um ciclo da jornada e fechá-lo para colhermos os resultados dessa etapa, sem esquecer de rever os aprendizados antes de iniciar o próximo.

Fechar ciclos é algo essencial, que precisa ser constantemente treinado, sobretudo para aqueles que estejam na energia da procrastinação. É comum as pessoas começarem algo e não terminarem, o que traz ansiedade e estresse. Entender que você terminou uma tarefa ou uma parte dela vai possibilitar que consiga enxergar melhor o todo. O todo é formado de pequenos pedacinhos que vamos fechando, um a um. É como uma corrida de 1 quilômetro, que começa com o primeiro passo, depois o segundo, até que se consiga alcançar a meta programada.

Então, é preciso criar atos conscientes (que depois ficam automáticos, como novos hábitos). "Vou fazer o almoço", você pensa. Depois conclui essa tarefa e celebra dizendo a si mesmo: "Oba! Consegui!". Na sequência, logo se lembra de que tem uma reunião. Ao término do compromisso, comemora: "Pronto! Fechei". Então diz: "Falta terminar o relatório!" e se dedica a essa tarefa para, no final, mais uma vez celebrar: "Quase consegui terminar, mas já fiz uma boa parte. Finalizo amanhã de manhã!". Vai resolvendo as tarefas e celebrando a cada uma que conclui ou cumpre (nem que seja uma parte). Sem autocobrança e com autogestão. Não precisa abrir uma champanhe a cada três minutos, mas festejar cada passo. Você vai perceber que a sua satisfação aumenta e que você ganha energia. Cada etapa concluída vira um ponto de plenitude, um "consegui!".

Quando o atleta sonha com uma medalha de ouro, ele se motiva a se superar e vencer os obstáculos que aparecem. Mas qual seria a sua medalha de ouro? É exatamente a conquista dos maiores objetivos que você tem na vida.

Para que possa sempre visualizar a sua jornada em busca dos objetivos, faço uma sugestão: depois de criar o seu Mapa da Vida, coloque-o em um lugar em que seja visto diariamente por você. Fixe nele todas as imagens que simbolizam seus objetivos e a felicidade que busca: família ideal (cônjuge e filhos), casa (praia, campo ou cidade), carro que deseja, lazer, viagens, estudos, livros, o que imaginar. Pode utilizar recortes de revistas, fotos, desenhos, folhetos de lugares que quer visitar ou morar, o que fizer sentido para você. Esse painel pode ser de madeira, cortiça, magnético ou de outro material. Capriche na criatividade, na intenção e na visualização dos seus objetivos desse quadro. Lembro de ter lido sobre um tenista que imaginava a partida inteira de tênis antes de entrar em quadra,

130 Prosperidade inesgotável

assim como fazia Ayrton Senna, que visualizava a corrida toda antes de iniciá-la. Uma prova de que a visualização é imprescindível!

Para aqueles que já alcançaram a prosperidade, proponho um desafio: como usar a sua influência e seus recursos para criar um sistema de recompensas que o motive a continuar trilhando o seu caminho de propósito, riqueza e impacto? Que tipo de "medalha" você pode criar para celebrar as suas conquistas e inspirar outros a seguirem os seus passos?

ALINHANDO A VIBRAÇÃO

Quando arrumamos dentro de nós, percebemos que precisamos organizar o que está fora também. Talvez esse movimento seja uma via de mão dupla. Parece mesmo que quando estamos com a mente confusa, pode ser uma boa hora para começar uma arrumação ou uma faxina mais intensa no nosso ambiente. Ao estruturar as coisas em casa ou no escritório, seja onde for, parece que isso clareia a mente, ordena as informações e reverbera dentro de nós, até mesmo energeticamente.

Como é possível alcançar prosperidade em um escritório repleto de mesas desarrumadas e equipamentos quebrados? Ou em uma casa com tudo de ponta-cabeça, com roupas espalhadas pelo sofá, a mesa cheia de restos de comida, a pia com dois metros de louça para lavar? Não há prosperidade que vença isso. Pois esse cenário representa a confusão que está dentro da mente da pessoa que vive nesse local bagunçado. Ao consertar o que está ao seu redor, no entanto, possivelmente ela também vai consertar seus pensamentos e trazer seu ser para o momento presente, para o agora, ou seja, para aquele estado de presença do qual já falamos. Portanto, dedique-se a manter a harmonia do ambiente e, assim, estar 100% presente. No final, premie-se por isso!

10.
Passo 6 - Gratidão sempre

A gratidão é o caminho mais potente para sustentar a prosperidade para sempre. Quando você chegar ao ponto de agradecer a Deus todos os percalços da sua vida, conseguirá conquistar outro nível de existência. É como viver em estado de graça, ao entender que os agradecimentos, a tudo e a todos, são manifestações necessárias para o seu aprendizado.

Neste capítulo, nos aprofundaremos no passo 6 do método Frequência da Alma, para que você possa perceber a importância da gratidão e como ela age sobre sua harmonia no dia a dia e sobre a concretização dos seus sonhos.

COMEÇANDO PELA INGRATIDÃO

Percebo que precisamos mostrar os contrastes para que o entendimento seja alcançado na sua completude. Vejo que estamos vivendo uma epidemia de ingratidão, que no seu grau máximo se manifesta pelo aumento significativo dos índices de suicídio, especialmente entre os jovens.[24] Sinto que esse cenário reflete a falta de entendimento sobre a própria utilidade. É como se as pessoas se sentissem inúteis e não merecedoras de algo melhor.

Conheço jovens que não enxergam o futuro, não veem a necessidade da vida. Outros vivenciam o ódio de alguma situação ou a

---

24 SEBASTIÃO, M. Estudo aponta que taxas de suicídio e autolesões aumentam no Brasil. **Fiocruz**, 20 fev. 2024. Disponível em: https://portal. fiocruz.br/noticia/2024/02/estudo-aponta-que-taxas-de-suicidio-e-autolesoes-aumentam-no-brasil. Acesso em: 18 dez. 2024.

falta de esperança, uma incapacidade de visão. Eles não percebem possibilidades, nem a própria importância como seres humanos.

É complexo tocar nesse tema, mas precisamos falar sobre o suicídio – então, esteja ciente de que o trecho a seguir pode ser um gatilho. Eu quis me tornar terapeuta e trilhar essa jornada por causa de uma amiga que acabou tirando a própria vida. Eu mesmo cheguei ao ponto de planejar duas vezes como faria. A primeira vez foi em um barco. Eu subi na plataforma e me perguntei: "Cara, será?". E escutei a voz dessa amiga, na minha cabeça: "Erick, eu sei o que é isso, não vai". Fiquei atônito e desci. E na minha mente escutei a voz dela novamente: "Não faça isso". Comecei a chorar, chorar, chorar compulsivamente. Ela me salvou duas vezes. E me fez pensar na minha própria vida e no que eu poderia fazer para ajudar as pessoas, por ter sofrido o que muitos sofrem e não conseguem resolver. Então, conheço bem essas dores.

Viver não é fácil. Sabemos que a vida acontece com a prática. Há momentos, porém, em que enfrentamos situações insuportáveis, com o sentimento de ter perdido a esperança e de não conseguir encontrar nenhuma saída. Quando você começa a entender que os desafios e as adversidades são provas difíceis, mas que sempre podem ser superadas, aprende a agradecer. E agradecer é reconhecer quão sagrado você é, apesar do nosso tamanho minúsculo nesse Universo infinito. E então passa a agradecer as lições, os erros que levaram aos acertos, as imperfeições e tudo que a natureza traz para você, porque é o que você precisa para crescer. Também é lembrar, sempre que olhar para trás: "Quanta coisa eu construí! Apesar de tão imperfeito, sigo aprendendo!". Por isso, deve agradecer. Respirar e agradecer.

Se você já desfruta do sucesso e da riqueza, eu o convido a uma reflexão: como usar a sua influência e seus recursos para combater a epidemia de ingratidão que assola o mundo? Quais iniciativas você pode apoiar para promover a gratidão e o propósito de vida entre as novas gerações? Lembre-se: a verdadeira prosperidade não se resume a bens materiais, mas à capacidade de inspirar outros a encontrarem sentido na vida e a valorizarem o que realmente importa.

POR QUE AGRADECER?

Gratidão é o entendimento de que não é você que faz as coisas. Agradecer é sair da "eutitude" (foco em você mesmo) e caminhar para o estado de graça. É entender que há forças que encaminham você para o que precisa viver, para o aprendizado de que necessita. Quando entende que agradecer é importante, é porque percebeu que tudo que acontece na sua vida está direcionado ao entendimento de algo maior. Portanto, agradecer é uma forma abreviada de entrar em contato com Deus, de se conectar com Ele, assim como meditar e orar: você agradece porque está recebendo algo. Não é à toa que, toda vez que se entoa um mantra na Índia, manifesta-se o louvor a uma deidade e a gratidão por ela.

Por que é tão fácil pedir e tão difícil agradecer? É igual! Se peço, eu agradeço. A gratidão abre as portas para a compreensão de quem somos nesse sistema e do espaço que ocupamos nele. Ela nos possibilita entender que somos tão pequenos quanto um grão de areia na praia, mas que até um grão de areia é um Universo em si mesmo, quando visto através de um microscópio. Tem uma complexidade muito grande, é um sistema completo dentro de outro sistema enorme. É o emaranhado de grãos de areia que formam a praia, onde todo mundo se diverte. Quando entendemos isso, ou seja, que somos um elo de um sistema gigantesco de conexões entre pessoas, natureza, animais, forças visíveis e invisíveis, só nos resta agradecer.

Então, agradeço pelo motor da engrenagem universal estar funcionando e eu ter a minha importância ali como essa pequena parte de um Todo. E, se você não fizer o que tem que fazer, vai ficar faltando aquela gota que só você poderia ser. Quando nos entendemos como algo maior, integrado a esse mecanismo do Todo, a essa inteligência tão ampla, somos o oceano, mesmo sendo apenas uma gota, com a nossa individualidade. Somos as duas coisas. Pequenos como uma gota e grandes como o oceano – que, sem essa gota, não será o mesmo oceano.

Na verdade, tudo isso é conexão e consciência. Porque você pode se ver tão minúsculo, insignificante, que sente que não merece, que é vítima, que é isso e aquilo. Ou talvez seja um excesso, importando-se demais com a própria imagem, a ponto de achar que pode se retirar de um sistema que não foi escolhido por você. É como se estivesse julgando que a inteligência universal está errada.

Quando se vê como uma gota de algo muito maior e, ao mesmo tempo, carregando um Universo em uma pequena gota, você percebe que é imprescindível para essa inteligência. Desse entendimento vem a gratidão com consciência. Ela passa a ser a engrenagem desse sistema que promove tudo que você está buscando. Agradeça por fazer parte desse complexo emaranhado de energia, sentindo que o seu grãozinho de areia ou a sua gota podem estar faltando na engrenagem ou no oceano, e saiba o que você precisa fazer para ajudar o sistema e os elementos que o compõem.

Alguns questionam: "Mas qual é a importância de uma gota?". Costumo dizer que, se você tiver um galão de cinco litros de água, não vai conseguir ver que uma gota tem o seu valor. Mas, se estiver com muita sede e alguém colocar uma gota de veneno nesse galão, vai ficar fácil perceber a sua relevância.

Só você vai poder acionar essa gota. Só você vai fazer as coisas acontecerem. Em algum momento, essa Força, ou Deus, criou você porque a sua vida tem alguma influência na existência do Universo. Caso contrário, não teria criado. Se você acha que não tem um papel relevante no sistema universal, está colocando defeito na obra de Deus, o que reflete o seu ego grande demais. Porque você está achando que sabe mais do que Deus sobre a necessidade da sua existência aqui na Terra. Se você está aqui, tem uma função e precisa descobri-la e executá-la.

Você tem um propósito, que não é só sobre você. Mas existem coisas que só você sabe fazer. Mesmo que existam milhares de pessoas ensinando terapias no Brasil, algumas serão tocadas por mim e pelas terapias que criei, outras serão tocadas por outros terapeutas. Preciso, portanto, estar presente para ensinar o que aprendi, e canalizei a fim de transformar a vida de certas pessoas.

Toda vez que olho o meu quadro do miojo, digo: "Muito obrigado por você ter existido". Por mais estranho que seja, agradeço sempre, porque, com ele, conseguia enganar a minha fome. Além disso, ele representa uma marca hilária da mudança na minha vida. Foi o símbolo do "não" que recebia todos os dias. E sei que foi importante e necessário para que chegasse ao dia de hoje e fosse impulsionado a transformar vidas, reproduzindo o que aconteceu com a minha.

Depois de acessar a Frequência da Alma e virar uma chave na minha existência, passei todos os dias agradecendo, agradecendo, agradecendo. Quando cheguei à Índia e pisei no aeroporto de Mumbai (que parece um museu), fiquei encantado com os adornos, os tecidos tremulando ao vento, as pessoas com roupas coloridas e sorrisos largos. Apesar de emocionado, estava me segurando para não chorar, porque tinha que cuidar de 56 pessoas. Mas na hora que pegamos o voo para Coimbatore, em Tamil Nadu, e depois desci do avião, não consegui mais me conter. Apesar da vergonha, porque todo mundo olhava para mim sem entender. Eles não compreendiam o que estava por trás daquelas lágrimas que insistiam em cair compulsivamente. Não sabiam que era a realização de um sonho.

Quando cheguei ao hospital, nos colocaram guirlandas, contornaram cada um com o incenso, fizeram um ritual. E eu não parava de chorar. Um dos professores teve que traduzir o primeiro momento do grupo reunido. Eu estava muito grato. Do lado desse hospital, que era bem afastado e no meio do mato, havia uma grande figueira, de dois mil anos. Ali, eu meditava e agradecia, todas as madrugadas, às 4 horas da manhã, antes do início da jornada diária do curso de ayurveda com o grupo de médicos brasileiros.

Dois mil anos! Quantos não teriam meditado debaixo daquela figueira antes de mim! Depois descobri que estava em uma reserva florestal e, naqueles dias, havia uma família de leopardos circulando pelos arredores do hospital. Eu poderia ter sido o café da manhã de um deles! Mas estava com a energia tão alta, um resultado da gratidão, que eles nem apareceram. Eu estava transbordando de felicidade.

Como já sugeri por aqui, celebre sempre: por ter alcançado aquele sonho, fechado um projeto, conseguido passar em uma prova, conquistado algo que era tão difícil... você chegou lá! Rejubile-se, desfrute de cada segundo, de cada detalhe daquela realização! Que seja um momento de êxtase! E marque esses momentos com um símbolo da sua gratidão, seja mental ou verbalmente, seja na meditação ou com algo mais concreto: um brinde, um presente, um passeio, algo que crie um ponto de celebração.

É interessante colocar atenção nesses momentos em que realiza uma tarefa e fecha um ciclo. Não precisa ser algo monumental, pode ser enquanto você repassa a sua lista de afazeres diários. Enquanto vai dando OK em cada tarefa, sinta a alegria de ter cumprido mais um passo do seu planejamento e agradeça por isso! Até que percebe que tem uma lista enorme de OK sinalizando seu empenho e determinação. Vai sentir que ganha energia e fôlego para ir além porque você merece ser sempre melhor!

Em algum instante, você despertará e começará a agradecer o dia todo, a todo momento: "Muito obrigado por hoje, por ter me ajudado a alcançar esse objetivo, porque sei que ele está no caminho que desejo para a minha vida. Ao mesmo tempo, agradeço pelos objetivos que não alcancei, porque foram um aprendizado de como não fazer. Eu aprendi e sigo em frente!". Pode parecer trivial, mas esse sistema de gratidão vai te renovando o tempo todo. Alguns estudos abordam a relação entre a gratidão, a mente humana e o cérebro, então, a ciência se debruça sobre esses aspectos.

Também há pesquisas que reconhecem a importância de escrever, reforçando essa ideia de ir dando OK na lista impressa de tarefas, pois é uma dimensão mais concreta para nós, humanos. É ótimo ter agenda digital na nuvem (também uso muito), mas, quando se faz o planejamento diário no papel impresso, a organização ganha mais visibilidade e fica tridimensional. Isso não é falado nas pesquisas, claro, pois o foco dos estudos ainda está nas questões relacionadas apenas ao plano material.

A educação teve uma fase (especialmente no âmbito do ensino privado) em que se discutiu o aprendizado apenas por meio de plataformas digitais (lousa digital, tablets, notebooks e celulares), sem a necessidade do exercício da escrita cursiva. Estudos mostraram, porém, que a criança precisa escrever, pegar na mão o lápis e a caneta, de modo a treinar a coordenação motora fina – ou seja, escrever sobre a linha, dentro de espaços delimitados, seguir uma organização, um padrão. Já as posturas de equilíbrio que o yoga insere nas práticas cotidianas trabalham bastante a coordenação motora grossa e o domínio das direções.

Estamos em um planeta tridimensional, então é preciso aprender a viver aqui, como também é importante aprender a voar. Estar com o pé na terra e a mente lá em cima. É você quem vai transcender, mas tem que aprender a viver aqui. E o cérebro precisa dessa coisa de anotar, de escrever, de organizar, um recurso que clareia a mente.

Por fim, é fundamental acordar e dormir fazendo uma reverência a esse algo maior, a essa inteligência que nos abraça com a sua energia. Estar grato por ter a oportunidade de aprender, independentemente de isso vai doer ou não, porque é isso que está fazendo você evoluir. Em toda a sua caminhada, seja imensamente grato pelo que Deus está proporcionando na sua vida. E é só essa gratidão que vai fazer com que enxergue esse *looping* natural de problemas e de resoluções que fazem parte da roda da vida.

Para aqueles que já trilharam o caminho da prosperidade, proponho um desafio: como cultivar a gratidão na sua vida e na sua empresa, criando uma cultura de generosidade e impacto positivo? Quais iniciativas você pode apoiar para promover a gratidão e a generosidade na sociedade? Lembre-se: a verdadeira riqueza se encontra na capacidade de reconhecer e valorizar as bênçãos que o cercam, compartilhando a sua abundância com o mundo.

PÍLULAS DE FELICIDADE

Quando você ajustar a sua visão para realmente enxergar o que está acontecendo nos ambientes em que circula e treinar a observação em cada pessoa e situação, poderá começar a entender como as coisas se sincronizam de acordo com a sua necessidade. É como se um mecanismo invisível estivesse monitorando seus movimentos e trazendo tudo de que você precisa para incrementar o aprendizado constante, a base para a nossa evolução.

O meu mestre na Índia, quando é questionado sobre o que é carma, responde assim: "Carma é o Big Brother da vida real. As câmeras estão todas aí e são chamadas carmas, estão vendo tudo". Eu imagino essas câmeras do carma monitorando nosso dia a dia e proporcionando as melhores lições para o nosso crescimento.

Portanto, apesar das situações difíceis e até injustas da vida, aprendi com os meus mestres que no plano espiritual só há acontecimentos, vivências. Todas as experiências, ruins ou não, de alguma maneira, vão orientar os nossos saltos evolutivos constantes e deixar para trás as nossas versões ultrapassadas. É como um programa de computador que precisa ser atualizado com regularidade, senão o sistema não funciona normalmente.

O combustível dessa mecânica é a gratidão, que mantém a sua potência no máximo e fornece energia para o próximo passo a ser acionado com a sua vontade. É preciso executar cada tarefa e continuar a agir entendendo que cada dia guarda os seus aprendizados. É como um dia na universidade, em que você assiste a aulas de Matemática, Geografia, História e Arte. Cada disciplina trará conhecimentos e dinâmicas distintas, principalmente se você for grato por aquele dia e pelas lições que recebeu (agradáveis e desagradáveis).

Chamo essa prática de agradecer pelo que se recebe a cada momento de "pílulas de felicidade". Seja vendo os seus filhos brincarem, observando a sua esposa ou o seu marido cozinhar, apreciando a beleza da natureza. Quando você agradece pelo trabalho que tem, pela casa para onde gosta de voltar todas as noites, pelo banho quente em um dia frio, pela cama gostosa que abraça o seu corpo cansado depois de um dia puxado e assim sucessivamente, você dá esse passo que aos poucos vira um hábito, até chegar o momento em que percebe que está agradecendo ao vento, ao canto dos pássaros, a cada um e a todos os seres da natureza que compõem a sua existência.

É importante que você perceba, ao terminar cada dia, que fez pelo menos uma coisa que valeu muito a pena. E isso vai além da caminhada rumo a seus objetivos. Sinta prazer na sua jornada, que naturalmente tem altos e baixos, mas que reserva uma explosão de satisfação e autossuperação, porque você conseguiu!

EXERCÍCIO – GRATIDÃO

Nesse exercício, faremos uma mentalização sobre a gratidão pela sua ancestralidade, que fez tudo que fez para que você pudesse ter a oportunidade de, hoje, com os percalços que nos talharam, ser quem é. Também vamos agradecer a Deus pela vida.

Convido você a escanear o QR Code e a acessar o exercício a seguir.

Fechamos aqui o Método Frequência da Alma, no qual caminhamos, passo a passo, compartilhando ferramentas que o ajudarão a expandir o seu sentir e a viver plenamente, com disposição para amar e agradecer por tudo que recebe a cada instante. Vamos em frente!

Passo 6 - Gratidão sempre

11.
Caminhos e renúncias

Andreia estava com cirurgia marcada para a remoção de pedras na vesícula que, segundo o seu médico, eram impossíveis de serem expelidas naturalmente. Somado a isso, ela havia contraído uma dívida de alto montante, que nem sequer era dela, por ter sido fiadora de um amigo que não cumpriu suas obrigações financeiras. Além de tudo, passava por um momento peculiar no trabalho, com falta de clientes. Para piorar, a entrega do apartamento que ela financiara havia sido adiada.

A baixa autoestima, somada às muitas camadas de escassez, fez com que Andreia se visse em uma maré de azar – ela tinha certeza de que o Universo a estava desafiando, e se perguntava: "Como uma doutora em enfermagem, com vários cursos em terapias integrativas e complementares, que vivia com a agenda repleta de atendimentos, passa por uma crise em tantos aspectos ao mesmo tempo?".

Depois de ouvir Andreia contar sobre os inúmeros percalços da sua vida, fiz um convite para ela aplicar em si mesma as minhas técnicas. Faltavam poucos dias para o meu evento presencial, por isso, no lugar da autoaplicação, sugeri que ela fosse à imersão terapêutica a fim de vivenciar mais intensamente um modo de reverter todos esses problemas ao lado de outras pessoas.

No encontro, fiquei sabendo que a Andreia nunca havia gritado durante toda a sua vida. Por mais educada que uma pessoa seja, há de se convir que nunca ter gritado parece um sintoma de algo maior. Enquanto aplicava a técnica nela, outra aluna do curso começou a sentir dores enormes. Em pouco tempo, ela já estava simulando um parto. Andreia estava no processo de acessar as camadas e não percebeu. Só que a aluna em posição de parto começou a gritar com Andreia e, de repente, liberou toda aquela energia acumulada. Sem combinarem, ambas gritaram ao mesmo tempo.

Após todo o fluxo para acessar a última camada, perguntamos a Andreia o que havia acontecido. Ela não sabia explicar, somente dizia que estava bem. Depois nos contou que o parto da mãe, quando ela nasceu, havia sido complicadíssimo e muito dolorido. Chegamos à conclusão de que a mãe de Andreia, ao sofrer no parto, havia lhe xingado. Porque foi exatamente o que a outra participante fez durante o processo terapêutico. Andreia carregou aquela culpa durante anos, até o dia da imersão, e finalmente a soltou em movimentos quase escatológicos combinados com gritos de liberdade – pela primeira vez!

Alguns meses depois de chegar à verdadeira causa do seu sofrimento, Andreia não só conseguiu o dinheiro para quitar as suas dívidas, como comprou uma passagem para a Índia, que era um antigo sonho. Pouco antes de chegar ao destino, ela recebeu uma ligação do hospital, no Brasil, perguntando onde ela estava. Toda a equipe médica a aguardava para a cirurgia de retirada das pedras na vesícula. Só que Andreia acabou se esquecendo do procedimento e, semanas depois, descobriu que as pedras haviam desaparecido naturalmente. Incrédulos, os médicos não entenderam o que havia acontecido.

Hoje, além de livre do problema de saúde e das dívidas, Andreia está em plena expansão material, criando imersões, cursos e ampliando os seus atendimentos. Por ter derrubado todas as camadas que a impediam de crescer, ela entendeu que a raiz dos seus problemas estava em sentir a rejeição da própria mãe durante o parto, peso que carregou por anos. Ao se libertar dessas camadas, novas possibilidades surgiram e ela passou a viver com mais leveza, manifestando a sua prosperidade.

ABRIR MÃO E FAZER ESCOLHAS

Com os seis passos do método Frequência da Alma, você descobriu que o problema e a cura estão dentro de você. O processo começa com o reconhecimento das camadas e com a identificação do problema. Assim que consegue dissolver as camadas, você caminha para a sua missão de vida, o seu propósito de alma. Definindo os seus objetivos, você organiza um plano para executá-lo, cumprindo metas e passos no dia a dia, sendo autor da sua jornada. Enquanto realiza esse planejamento diário, vai celebrando cada pequena conquista, o que lhe dará energia para seguir adiante e vencer as adversidades, naturais e necessárias para o seu aprendizado. E continua agradecendo a cada instante por caminhar para a abundância que você merece!

Nos meus atendimentos, entretanto, percebo que a grande questão é exercitar o desapego. Em outras palavras, é aceitar abrir mão de algo para evoluir no sentido de optar pelo melhor caminho. Toda vez que alguém escolhe um caminho, abre mão dos outros. Se optou por casar, pegou uma estrada que desemboca em outra: ter filhos ou não. Se escolheu ter filhos, abriu mão de mais outra (ou seja, de não ter). Ao ter filhos, por sua vez, criou um fluxo específico que vai desembocar em outras opções: em qual escola matricular os filhos, como administrar o seu tempo em relação à família e ao trabalho, como será viajar com todos juntos e para onde etc.

Veja, se você nasceu no Sudeste e quer morar no Nordeste, terá que abrir mão de viver na sua terra natal, de ficar ao lado da família

Caminhos e renúncias **145**

e dos amigos, e talvez tenha que buscar um novo trabalho. O que vai mudar na sua vida? Ah, vai mudar isso, aquilo e aquele outro. Então, são três caminhos que você vai ter que deixar para trás para seguir o que o leva ao seu sonho. Terá que se desapegar de três versões da sua vida, assumindo as consequências dessas renúncias e escolhas. Mesmo que crie atenuantes, como morar cinco anos no Nordeste, e mudar de ideia, pelo menos você viverá seu sonho e chegará a alguma conclusão. Pode ser ficar lá ou voltar, mas, de todo modo, deixar fluir, para observar os resultados da sua ação e renúncia.

Tenho um grande amigo artista chamado Benjamin que trabalha com uma mistura de performance, dança afro e butô, e hoje mora na França. Ele vem de uma ancestralidade muito bonita das culturas de matriz africana e o seu trabalho traz essa energia. Benjamin viveu esse aspecto de abrir mão de algo para seguir o seu sonho e se viu em uma encruzilhada. Em uma encruzilhada há quatro caminhos a seguir. Ao optar por um deles, você renuncia aos outros três. Veja, não é sobre escolha, e, sim, sobre renúncia, ou seja, abrir mão de algo para ter o que sonha. Você tem de estar pronto para renunciar à vida que está vivendo, mesmo que acredite que não queira, por estar acostumado a ela.

Essa encruzilhada de caminhos de vida também tem conexão com o desapego, porque você terá que renunciar a algumas coisas e escolher outras para viver. Às vezes, nos fixamos a uma limitada percepção da realidade e dizemos: "Não tem outro caminho, só tem este aqui!". É preciso desapegar… das pessoas, das coisas, das situações, dos caminhos que não nos servem mais. É preciso largar o ego. E confiar que, se aquilo o move, se alguma coisa aí dentro (a sua alma, o seu coração, o seu Deus interno) está puxando você para esse caminho, é lá que você vai expressar aquilo que precisa expressar.

Se você já alcançou o sucesso e a riqueza, o convido a uma reflexão: quais renúncias você precisa fazer para viver uma vida ainda mais alinhada com o seu propósito? Quais apegos o impedem de alcançar seu pleno potencial e de gerar um impacto ainda maior no mundo? Lembre-se: a verdadeira liberdade reside na capacidade de abrir mão daquilo que não te serve mais, para abraçar o novo e o extraordinário.

DECLARAÇÃO PARA O UNIVERSO

Outro dia, fui ver o show de um amigo, o Sérgio Pererê, e lá conversei com uma moça, que era economista e me disse assim: "Ah, eu sempre quis ter uma carreira diferente!". Ao perguntar a idade dela, me contou que tinha 30 anos. Falei: "Mas tem tempo ainda, não?". Ela começou a se justificar, para se manter na mesma condição de vida atual. "Ali já sei o trabalho que faço, que é mais seguro!", afirmou. Contestei: "Mas você não quer mudar de carreira?". Não adiantou. Então, ela não quer entrar em um processo de abrir mão da dependência, do apego à situação conhecida. Não tem coragem para ousar e tentar algo novo.

Percebo que é importante a pessoa afirmar que está disposta a deixar para trás a vida que ela não quer. Quando você declara "não quero mais passar fome", "não quero mais viver essa situação", "não quero mais ter esse medo", "não quero mais ter essa limitação", "não quero mais sentir essa dor", você está se posicionando. É uma declaração clara e determinada do que não deseja mais. É um posicionamento que o seu coração tem que escutar, não é só da boca para fora. Deve vir lá das entranhas. No inglês, se diz "*from my guts*" (das minhas vísceras, em tradução livre), então precisa mesmo vir das vísceras, do mais profundo do seu ser!

Caminhos e renúncias **147**

Outro amigo, o Márcio, trabalha com marketing digital e sempre quis ter liberdade, aliás, muita liberdade. A princípio, eu pensava que ele só não tinha liberdade geográfica, porque a companheira dele trabalhava presencialmente e ele de maneira remota, em home office. Mesmo assim, Márcio tinha condições de sustentar os dois, caso fosse necessário. Então, ele podia viver no Rio de Janeiro, que era o sonho dele, apesar de estar em Pelotas, no Rio Grande do Sul, lugar que achava muito frio. Mas o que o travava, de verdade?

Quando veio conversar comigo, recomendei: "Primeiro, você tem que jogar fora a vida que não quer". Ele contou que já havia feito isso, mas ainda não conseguia mudar para o Rio. Vi que existia algum trauma ali, alguma camada oculta. Descobri que era o medo de altura que o impedia de entrar em um avião ou de morar em um apartamento. Esse medo estava mantendo o Márcio na situação de onde queria sair. Quando começou a definir seu medo, dizendo "eu quero sair", o medo apareceu e aí, sim, tínhamos algo para tratar.

A partir disso, fomos buscar, lá no passado dele, o que o fez criar esse medo de altura e o desconfiguramos. Depois, como teste, ele foi para o alto de um prédio, olhou para baixo e não sentiu nada. Nesse instante, declarou: "Eu vou me mudar". Em seguida, pegou um voo, sem medo. Estava pronto para partir definitivamente. Hoje, mora no Rio de Janeiro, com a companheira, ainda trabalha com a antiga profissão em home office. Mas sonha em atuar apenas como terapeuta e já começou a atender outras pessoas com a Frequência da Alma.

A Mariana foi outro caso interessante. Ela me encontrou pela internet e agendou uma consulta. Contou que havia estudado ayurveda e saíra do curso porque no final a turma iria para a Índia. Ela também tinha trauma de altura, de ter que falar uma língua estrangeira com alguém e de atravessar pontes sozinha. Muitos traumas que a faziam dependente do marido. Falei para ela: "Tenho o tratamento perfeito para você. Precisa abandonar tudo que você sente que te deixa segura. Tudo. Porque isso está travando você. É a necessidade de segurança que a impede de conquistar os lugares que você quer. Você vai para a Índia comigo, com uma turma!". Ela comprou a passagem, morrendo de medo, e, nos dois meses antes da viagem, me escrevia três a seis vezes por semana. E ela foi. Só que não falei para a Mari que iríamos para uma cidade que era cheia de pontes.

O primeiro desafio foi o voo para a Índia. A Mari voou de coração apertado, mas voou. Depois, visitamos os lugares mais importantes das cidades e fomos para Rishikesh. Lá, ela me disse: "Essa cidade está cheia de pontes!". Olhei e concordei: "Pois é. E vamos ter que atravessá-las!".

Na primeira vez que a Mari foi atravessar uma ponte, quase arrancou meu braço. Foi atravessando, segurando em mim. E a única coisa que eu falava era: "Deixa soltar essa necessidade de segurança. Eu não estou empurrando você de um avião sem paraquedas, sem instruções. Estou pedindo para andar pela mesma ponte que todo mundo está andando. Então, repito, deixa essa segurança!". E fomos trabalhando terapeuticamente essa camada.

Olha como acontecem as coisas do mundo visível e invisível! Um dia, alugamos algumas motos e a Mari estava com uma pessoa na garupa. Fomos ver um ritual na beira do rio Ganges e só íamos retornar ao escurecer. Para chegar ao local, atravessamos uma ponte na qual passavam pessoas, vacas e motos. Estávamos juntos – eu na minha moto, ela na dela. Quando ela percebeu que ia atravessar a ponte, quase congelou, mas era tarde demais e acabou cruzando

Caminhos e renúncias **149**

com êxito. Depois da cerimônia, estava bem escuro e acabei caindo da moto, quebrando a clavícula. Fui para um hospital que estava em reforma e só tinha um segurança, que me aplicou uma injeção antitetânica. Depois me mandaram para outro hospital, só que as motos ficaram. Um assistente do hotel pegou a minha moto e a outra sobrou para a Mari levar sozinha, atravessando aquela ponte enorme. Ela só repetia: "Vou ter que atravessar, vou ter que atravessar, vou ter que atravessar!". A Mari atravessou e superou um limite que a incomodava. Na hora que venceu esse medo, percebi que ela destravou também a parte da comunicação e começou a falar inglês com todo mundo!

Quando ela voltou, veio estudar a Frequência da Alma, saindo de São Paulo direto para o extremo sul do Brasil. No primeiro dia, entretanto, ligou para o marido e disse que queria ir embora. Olhei para ela e lembrei que estávamos em uma ecovila, no meio do mato, e que ela teria de ir para um centro maior, como Pelotas ou Porto Alegre, se quisesse retornar. Ela, então, voltou, mudou de ideia e decidiu passar pelo processo terapêutico, no qual destravou os traumas que faltavam.

Algumas pessoas podem até achar absurdo tudo que a Mari passou, como desafiou os traumas. Mas, hoje, olhando os resultados, vejo que ela está ótima, porque conseguiu sair do drama e voltar cheia de confiança. E qual foi o primeiro passo que ela deu para iniciar esse processo? Ela declarou que deixaria para trás as dores e a vida que não queria. Inclusive se mudou recentemente para o Nordeste com o marido e os filhos. Sinto que ela está mais feliz do que nunca.

Esse passo da declaração foi muito importante também no meu processo pessoal. Marcou o momento em que declarei que não queria mais viver daquela maneira, que não aceitava mais usar a habilidade que tenho da maneira como estava usando. Porque, para mim, sempre foi fácil falar outros idiomas, então ganhava a vida dando aulas de espanhol, francês e inglês. Só que eu não recebia o suficiente, e isso me desestabilizava financeiramente. E então eu entrava num fluxo de angústia por estar fazendo o que não gostava.

Naquela madrugada, no aeroporto, eu estava com o peito dilacerado e declarei: "Não quero mais isso! Não quero mais voltar para a sala de aula para ensinar idiomas! Nada contra quem dá aula, mas não quero mais! Desde os 14 anos, faço isso e não quero mais. Eu não vou fazer isso!". Eu sabia que trabalhar com Uber era transitório naquele momento de dificuldade, só que além disso não queria mais dar aulas de idiomas. Por isso, aquele quadro no meu escritório é importante para mim, porque reafirma a decisão do que eu não quero viver.

A declaração precisa envolver emoção, sentindo o peito dilacerado, explodindo e dizendo: "Eu não quero mais isso! Não volto mais para esse lugar!". Pode ser um processo somente mental, mas é bom que seja falado, com sentimento. Repita três vezes, em voz alta. Vá para um lugar deserto, no campo, em um parque, uma praia afastada, feche-se no quarto, comece a gritar o que você não quer mais viver. Nem que grite colocando o travesseiro na boca, mas grite. Pois gritar é importante, provoca uma catarse, uma transformação profunda que chega ao coração. O seu coração fica diferente quando está gritando, gritar ativa a adrenalina, como se você negasse aquela rota: "Não é esse caminho! Não é! Sai! Não! É para o outro lado que eu quero ir, é para lá que importa! O meu coração manda para lá, não para cá!". O seu coração sabe como você vai ser feliz.

Agora, convido você a escrever a sua declaração e depois lê-la em voz alta. Coragem!

Até que chegue o dia em que o miojo será só o miojo, uma ponte será só uma ponte, um avião será simplesmente um avião. Não são monstros perigosos que podem destruir a sua felicidade! São apenas obstáculos que precisam ser transpostos para que você consiga crescer e expandir as suas possibilidades de existência.

Para você que já desfruta da prosperidade, proponho um exercício de autoconhecimento: quais declarações você precisa fazer ao Universo para se libertar de tudo o que o impede de viver com plenitude e significado? Quais compromissos precisa assumir consigo mesmo para se tornar a melhor versão de si e para inspirar outros a trilharem o mesmo caminho?

CONEXÃO E TRANSBORDAMENTO

São muitas as vivências e histórias que conheci nesses anos todos. Quanto mais me aproximo da causa raiz, a cada imersão terapêutica, mais descubro que o antídoto está dentro, aloja-se na nossa alma, que é divina. A nossa alma nos ajuda a conectar com algo que é maior que todos nós juntos, por meio da centelha divina, que é a partícula de Deus, que nos ilumina por dentro e faz transbordar essa energia imensa por onde passamos.

Quando essa luz interna está apagada ou ofuscada por traumas e camadas do passado, fica difícil brilhar. É uma escuridão, um quarto fechado em que você não vê nada nem ninguém, só a sua dor e a ausência da luz. Não reconhece que há outros que também precisam do seu apoio e ajuda, só vê a si mesmo e a sua dor. Quando conseguimos limpar essa escuridão, abrir as janelas da alma e deixar o sol entrar e curar, algo mágico acontece. Você começa a transbordar a vida e percebe que há outras pessoas que precisam de você – e que pode fazer a diferença na vida delas, porque já passou pela dor, se curou e seguiu!

E por também ter vivenciado o sofrimento, sei o que cada um suporta ao me pedir ajuda. Na verdade, me sinto honrado em participar dessa cura, colocando-me como instrumento desse algo maior, que fala através de mim e de cada um de nós. Com apenas uma intenção – ajudar –, eu me coloco ali para servir e aquieto o meu coração para que eu possa ouvir o que devo fazer. Essa Força fala comigo e me instrui, sussurra no meu ouvido ou dentro da minha cabeça. Nem sempre é uma voz, muitas vezes é um sentimento que brota e precisa ser expresso em palavra ou em alguma ação. Não interessa muito o "como", mas é assim que acontece. O invisível e o visível se encontram e interagem, buscando soluções. Porque é importante que sejamos felizes e tenhamos a certeza de que isso é possível.

Caminhos e renúncias **153**

12. Partícula de Deus

A minha capacidade de observar tudo por que passei me fez criar as certificações das técnicas que aplico hoje. Não tive a pior vida do mundo, não. Contudo, o fato de ter sido abandonado pelo meu pai biológico e, depois, crescido com um padrasto que foi referência de medo e insegurança ao longo da infância, foi difícil e perturbador. Quando subo em um barco e quero pular, é porque naquela época muitas vezes fui tratado como uma pessoa que não tinha valor nenhum. Entender meus valores era muito complicado. Por isso, passei a olhar para os traumas de uma maneira diferente.

Quando comecei a tratar as pessoas, eu agia naturalmente, mas não entendia o que fazia, nem qual técnica aplicava. Ao estudar os conhecimentos terapêuticos provenientes da literatura ancestral indiana e me enveredar pelos estudos de neurociência, dos traumas e do subconsciente, vi que já aplicava aquilo tudo desde pequeno. Entendi, então, que poderia também ensinar o mecanismo, pois ele ia além da intuição.

Quando descobri esse caminho, eu me reconectei com a minha essência. Ao presenciar, nas imersões, a libertação das pessoas, percebo o quanto é incrível essa ferramenta que por algum motivo pude acessar. Eu não me sinto especial por isso, mas vejo como é especial saber que posso levar essa possibilidade para outras pessoas. Ser o instrumento que possibilita que esse sistema de cura chegue a quem precisa é uma honra. É muito importante, porque não é só a pessoa que se cura: ela passa a entender a relevância de não repetir certas condutas, de modo a melhorar o convívio familiar e profissional, o bem-estar e a força de viver.

O mundo foi tão generoso comigo que no final ele me deu um casamento maravilhoso com a Dyne, a pessoa mais incrível que já conheci, e com ela, um enteado, o Kaká, para poder olhar para esse ciclo da paternidade de outra forma. Um menino, para que eu tivesse a chance de ser o padrasto que posso ser, diferente do que tive na infância, isto é, um pai que entende e aceita a lição e decodifica os passos que deve seguir. Um dia desses, ele queria muito dormir no sofá da sala. Eu falei: "Vamos dormir. Eu vou ficar contigo aqui na sala". Então, ele dormiu. Depois, tentei levá-lo para a cama duas vezes, e ele falou assim: "Não, não, aqui, aqui". E dormiu lá duas noites. E toda vez que ele acordava, olhava para mim, sorria e dormia. Geralmente, quando ele acorda e não vê a mãe, acaba chorando. Mas comigo ele sorriu e continuou ali no sofá. Lembro de pensar: *Olha isso! Como ele se sente completamente seguro comigo! E eu me sentia o oposto com o meu padrasto!* Sinto que essa relação foi necessária para abrir esse campo energético para que eu um dia possa ser pai biológico também.

Sabemos que os traumas também abrem canais no cérebro, aumentando a nossa percepção. Então, vejo que toda dor também é uma grande mestra e nos faz dar saltos na nossa evolução. Quando era pequeno, comecei a ver bichos na barriga das pessoas, como contei no início do livro, e, com a minha avó, aprendi diferentes formas de cura, sendo eu mesmo e manifestando a minha alma.

Com os canais mais abertos, tive a liberdade de testar e aprender com os resultados. Eu os levei então para as experiências terapêuticas, alcançando a minha missão de vida, o meu propósito de alma, que é ajudar os outros com essa maneira terapêutica particular. Porque é só isso que viemos fazer aqui. Não viemos apenas para trabalhar, ter cinco carros, cinco casas, cinco milhões na conta. Viemos para ajudar o próximo. E nós não vamos levar dessa vida esses bens materiais, somente as marcas do que vivemos e o legado que deixamos, cumprindo a função que precisamos cumprir.

O meu trabalho é despertar você, fazer com que acorde e se reconecte com o mais sagrado que existe aí dentro. Aquele dia no aeroporto, eu estava 100% ali, orando e suplicando por uma nova vida. Nossa! Foi o instante em que vivi o estado de presença intensamente. E aquele foi também o momento em que tive a maior consciência de que o Universo falava comigo. Acredito que nunca mais me senti assim de novo, pelo menos não com tamanha veemência. Foi avassalador! Tanto que voltei para casa sentindo uma potência, uma energia, uma força que não era daqui. Depois, dormi tranquilamente, mesmo tendo vivenciado tudo aquilo. Não temos ideia de como somos grandes e do quanto podemos.

Seguir o que todo mundo faz não é o que os gênios da humanidade fizeram. Eles romperam com alguma coisa que era considerada uma verdade absoluta. Eles mergulharam no que amavam, quebraram regras e contestaram o que não acreditavam. Existe genialidade em vários lugares, em cada canto deste mundo, e há ainda infinitas ideias a serem descobertas.

Milhares de pessoas estão se beneficiando do programa que criei um dia, em que eu estava na minha casa, pensando: *Como eu posso ajudar as pessoas?* Desse grupo, a maioria conta que a vida está mudando, o que é genial – tudo porque aceitei e acreditei que podia fazer diferente. Como isso se conectou na vida das pessoas, algumas delas se tornaram multiplicadoras das terapias e agora estão transformando a vida de outras pessoas. Vai chegar o momento em que talvez não será mais possível calcular o reflexo da minha libertação, que fez com que outros entendessem que era possível e começassem a se mover também. Esse é o meu legado!

Partícula de Deus **157**

Cada um de nós tem a força da criação e pode transformar o que quiser. Não precisa ser nada excepcional, mas tem de atender a alguma necessidade do meio, ou seja, ajudar as pessoas e, assim, se tornar o seu legado na Terra.

O movimento altruísta começa com o movimento individual. Brinco que o exercício de fechar os olhos para meditar é necessário. Pois meditar significa olhar para dentro, isto é, olhar internamente. Para olhar internamente, você tem de fechar os olhos do externo por um período. Só que, ao abrir os olhos, depois de ter feito toda essa jornada para dentro, deve olhar para os nossos irmãos e atuar para um mundo melhor.

Cada um tem a sua jornada do herói. Com seus percalços e derrapadas. E não tem problema derrapar. Porque a criança que está aprendendo a andar vai cair trezentas vezes, mas rapidinho dominará o caminhar. Nessa estrada, caindo e levantando, o importante é lembrar do seu sonho e vivê-lo plenamente, atualizando-o de tempos em tempos.

Vivendo minha missão de vida por meio desta obra, posso concretizar os meus sonhos e projetar novos voos – como criar um instituto que tenha a vivência da terra, onde crianças, adultos e idosos possam aprender sobre ervas, plantações, bioconstrução e tantas outras coisas, e as pessoas possam ser atendidas de maneira integral e humanizada, seja em um hospital de ayurveda, em dormitórios ou em locais de convívio e de cura para as práticas das terapias da Frequência da Alma.

Se você já alcançou o sucesso e a riqueza, eu o convido a uma reflexão ambiciosa: qual é seu próximo grande projeto? Que tipo de iniciativa você pode criar para concretizar o seu propósito e gerar um impacto ainda mais profundo no mundo? Lembre-se: a verdadeira prosperidade se revela na capacidade de usar sua influência e os seus recursos para construir um legado que inspire e transforme a vida de inúmeras pessoas.

ALMA, O SEU TESOURO

A alma é um pedaço de Deus que Ele colocou dentro de cada um de nós; um Universo em si mesmo. Esse lugar desconhece limites, escassez, raiva, medo ou qualquer outra coisa que possa travar a sua vida. Porque está conectado com o infinito!

E, dentro desse campo divino, aquilo que era impossível acontece com naturalidade, as coisas fluem e, mesmo que aconteçam imprevistos, você está feliz, fazendo o que ama e com muita vontade de viver mais.

Gostaria de terminar, como fazem os indianos, com o cumprimento *Namaskaram*, que não é apenas uma questão de etiqueta; é uma expressão de profundo entendimento espiritual e um convite à harmonia, à paz e ao respeito mútuo nas relações humanas. Essa perspectiva transcende o simples ato de cumprimentar e se transforma em uma prática de vida que promove a espiritualidade em cada interação. Essa saudação pode ser interpretada como: "O Deus que habita em mim saúda o mesmo Deus que habita em você". Você já tem tudo, Deus está em você, portanto, não precisa de mais nada, exceto manifestar o que já existe aí dentro. Agora, contudo, sem as camadas que o impedem de viver uma vida extraordinária.

Namaskaram!
Conte comigo!
Obrigado!

@erickleite.br
www.erickleite.com

Este livro foi impresso
pela Edições Loyola em
papel pólen bold 70 g/m²
em junho de 2025.